Jens-Peter Gieschen / Klaus Meier

Der Fall „Christkind"

Juristisches Gutachten
über die denkwürdigen Umstände
von Zeugung und Geburt
eines Glaubensstifters

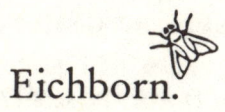

Eichborn.

Über die Autoren:
Jens-Peter Gieschen, geb. 1963, konfessionslos, Studium der Rechtswissenschaften in Bremen, Rechtsanwalt in Niedersachsen.
Klaus Meier, geb. 1964, evangelisch-lutherisch, Studium der Rechtswissenschaften in Marburg/Lahn und Bremen, Assessor, Stipendiat und Promovend im Graduiertenkolleg „Risikoregulierung und Privatrechtssystem" an der Universität Bremen. Zahlreiche Fachpublikationen im Bereich des zivilistischen Verbraucherschutzrechts.
Gemeinsame Veröffentlichung: Strafakte Faust. Goethes berühmte Triebtäter auf dem juristischen Prüfstand. Tathergang, Schuldfrage, Anklageschrift. Eichborn Verlag 1993.

CIP-Titelaufnahme der Deutschen Bibliothek
Gieschen, Jens Peter:
Der Fall „Christkind" : juristisches Gutachten über die denkwürdigen Umstände von Zeugung und Geburt eines Glaubensstifters / Jens Peter Gieschen ; Klaus Meier. – Frankfurt am Main : Eichborn, 1993
ISBN 3-8218-3308-4

© Vito von Eichborn GmbH und Co. Verlag KG,
Frankfurt am Main, August 1993.
Illustrationen von Ludwig Richter, Grandville und aus alten Bänden
Umschlaggestaltung: Rüdiger Morgenweck.
Satz: TechnoScript, Bremen.
Druck und Bindung: Fuldaer Verlagsanstalt GmbH.
ISBN 3-8218-3308-4
Verlagsverzeichnis schickt gern:
Eichborn Verlag, Kaiserstraße 66, D-60329 Frankfurt / Main.

Inhaltsverzeichnis

Vorwort

Vor annähernd 2000 Jahren wurde einer der bedeutendsten Religionsstifter der Menschheitsgeschichte unter höchst mysteriösen Umständen gezeugt und geboren: Jesus von Nazareth. Obgleich die christlichen Kirchen ihren Glauben und ihre Legitimation von dessen Werden und Schaffen ableiten, sind bis heute viele Fragen schuldhaft unbeantwortet geblieben.

Um nur drei Beispiele zu nennen:

Die Lehre von der „unbefleckten Empfängnis" der Christkindsmutter läßt die familien- und erbrechtlichen Aspekte der sensationellen Zeugungsmethode ebenso offen, wie sie auch den potentiellen Schadenersatzansprüchen von Maria oder Joseph wegen Störung der ehelichen Lebens- und Liebesgemeinschaft nicht Rechnung trägt.

Es blieb bisher ungeklärt, ob und wie sich die von Augustus angestrengte Volkszählung mit den vom Bundesverfassungsgericht postulierten Anforderungen an die Wahrung des informationellen Selbstbestimmungsrechts vereinbaren läßt.

Und schließlich werden die Gläubigen mit der Frage im dunkeln gelassen, wie die deutsche Rechtslage der Asylsuche in Ägyptenland nach Art. 16 GG alter und neuer Fassung einzuschätzen wäre.

Diese und einige weitere hochbrisante und aktuelle Fragen klärt nach Jahrhunderten der klerikalen Ignoranz und Verneblung das vorliegende Gutachten. Mit der Veröffentlichung begleiten uns allerdings gemischte Gefühle, da die Wahrheit für so manchen Christen überraschend und unangenehm sein dürfte: Die Evangelien müssen in wesentlichen Teilen neu geschrieben werden!

Abkürzungsverzeichnis

a.a.O.	am angegebenen Ort
a.F.	alte(r) Fassung
a.M.	am Main
Abb.	Abbildung
ABl.	Amtsblatt
Aktz.	Aktenzeichen
Anm.	Anmerkung
BayObLG	Bayerisches Oberstes Landesgericht
BayVGH	Bayerischer Verwaltungsgerichtshof
BB	Betriebs-Berater (Zs.)
Bd.	Band
BGB	Bürgerliches Gesetzbuch
BGBl.	Bundesgesetzblatt
BGH	Bundesgerichtshof
BGHSt	Entscheidungen des Bundesgerichtshofes in Strafsachen (Amtliche Sammlung)
BGHZ	Entscheidungen des Bundesgerichtshofes in Zivilsachen (Amtliche Sammlung)
BremGBl.	Bremisches Gesetzblatt
BtMG	Betäubungsmittelgesetz
BVerfG	Bundesverfassungsgericht
BVerfGE	Entscheidungen des Bundesverfassungsgerichtes (Amtliche Sammlung)
BVerwG	Bundesverwaltungsgericht
BVerwGE	Rechtsprechung des Bundesverwaltungsgerichtes (Amtliche Sammung)
DJ	Deutsche Justiz (Zs.)
DÖV	Die Öffentliche Verwaltung (Zs.)
DVBl.	Deutsches Verwaltungsblatt (Zs.)
EKD	Evangelische Kirche Deutschlands
etc.	et cetera
f.	folgende (Seite)
FamRZ	Zeitschrift für das gesamte Familienrecht
ff.	folgende (Seiten)
FS	Festschrift, Festgabe, Gedächtnisschrift

GA	Goldtammer's Archiv für Strafrecht
GG	Grundgesetz
h.M.	herrschende Meinung
HRR	Höchstrichterliche Rechtsprechung
Hrsg.	Herausgeber
hrsg.	herausgegeben
i.d.F.	in der Fassung
i.d.R.	in der Regel
JR	Juristische Rundschau
JuS	Juristische Schulung (Zs.)
JW	Juristische Wochenschrift
JZ	Juristen-Zeitung
KG	Kammergericht
KJ	Kritische Justiz (Zs.)
Kriminalistik	Die Kriminalistik (Zs.)
LG	Landgericht
LK	Leipziger Kommentar
LP	Langspielplatte
LuftVG	Luftverkehrsgesetz
m.w.N.	mit weiteren Nachweisen
MDR	Monatsschrift für Deutsches Recht
MschrKrim	Monatsschrift für Kriminalwissenschaften (Zs.)
NJW	Neue Juristische Wochenschrift
NJW-RR	Neue Juristische Wochenschrift – Rechtsprechungs-Report
NStE	(Neue) Entscheidungen in Strafsachen
NStZ	Neue Zeitschrift für Strafrecht
OLG	Oberlandesgericht
Rdnr.	Randnummer
RG	Reichsgericht
RGSt	Entscheidungen des Reichsgericht in Strafsachen (Amtliche Sammlung)
Standesamt	Das Standesamt (Zs.)
StGB	Strafgesetzbuch
u.a.	und andere
v.	von
Verf.	Verfasser
vgl.	vergleiche
Warneyer	Rechtsprechung des Reichsgerichts, hrsg. v. Warneyer
z.B.	zum Beispiel
zit.	zitiert
ZRP	Zeitschrift für Rechtspolitik
Zs.	Zeitschrift

Einleitung

„Es begab sich aber zu der Zeit, daß ein Gebot von dem Kaiser Augustus ausging, daß alle Welt geschätzt würde." – So beginnt die Geschichte von der Geburt des Christkindes. Wer kennt sie nicht seit frühester Kindheit, die jährlich in den Weihnachtstagen in Gottesdiensten, am Gabentisch und in Spielfilmen unendliche Male neu erzählte Chronik eines Glaubensstifters?

Auch an den Fragen des Rechts ist bedeutungsvolle Geschichte nicht spurlos vorbeigegangen. Seit jeher haben die weltlichen Auswüchse des rituellen Treibens rund um den vermeintlichen Jahrestag der Geburt des Religionsstifters Jesus Christus von Nazareth die Juristen zu ungewöhnlichen Höchstleistungen ihrer Schaffenskunst inspiriert, so daß beispielsweise das Christkindlaufen[1] und der Weihnachtsbaum[2] zum Gegenstand rechtlicher Verbote wurden. Die Ursprünge jener fragwürdigen Umtriebe, die Erzählungen der Geburt Christi in den Evangelien des Matthäus und Lukas,

---

1. „Demnach nunmehro die Adventszeit und das darauf folgende Heilige Christ-Fest herbey kommt, da dem gemeinen Gebrauch nach allerlei vermummte Personen unter dem Namen des Christkindeleins auff Gassen umbherlaufen, in die Häuser entweder willig eingeruffen werden, oder sich auch in dieselben hineindrängen dergestalt, daß den Kindern eingebildet wird, als wäre es das wahre Christkindlein, auch Nikolaus oder Martinus bey demselben die Kinder zu vertreten sich annehmen, auch andere nichtige unchristliche, mutwillige Dinge in Worten und Werken vernehmen und treiben, in der Tat aber die Sache im stockfinsteren Heidentum den Ursprung hat, so haben wir in Erwägung solcher Umstände (...) beschlossen, daß solche repräsentativ skandalose mit allen ärgerlichen Zeremonien in unseren Herzogtümern und Landen, bey ernster Strafe gänzlich abgetan und durchaus bey Adel und Unadel verboten seyn soll." Auszug aus dem Edikt des *Herzogs Gustav Adolf von Mecklenburg* vom 28. November 1682, zitiert nach: *Weber-Kellermann*, Das Weihnachtsfest. Eine Kultur- und Sozialgeschichte der Weihnachtszeit, 36.

2. „Weil mit denen Lichter-Cronen auf dem Christabend viel Gaukeley, Kinderspiel und Tumult getrieben wird, als befehlen wir (...) solche Christ- und Lichter-Cronen gäntzlich abzuschaffen (...)." So, annähernd gleichlautend, verschiedene Erlasse der preußischen Könige im 17./18. Jahrhundert; – zitiert nach: *Mantel*, Geschichte des Weihnachtsbaums. Eine kultur- und waldgeschichtliche Untersuchung, 121.

blieben hingegen juristisch vernachlässigt. Das überrascht. Während etwa die Umstände über die Verurteilung und Kreuzigung des Heilands Rechtsbibliotheken füllen, existiert – soweit ersichtlich – keine Abhandlung über dessen Geburt. Dies Defizit resultiert offenbar aus einer fehlgeleiteten Rücksichtnahme der Juristen auf die Christenmenschen, die sich letztlich nur aus der Seelenverwandschaft der Juristen mit den Theologen erklären läßt. Während die einen unerschütterlich im Glauben an die Heilige Dreifaltigkeit verharren, erfahren die anderen eine hingebungsvolle Leidenschaft für den geschriebenen Gesetzeswortlaut und die höchstrichterliche Rechtsprechung. In solchem Gleichklang der Gefühlswelten haben die Rechtsgelehrten es offenbar nicht fertiggebracht, ihre Brüder und Schwestern im Glauben über die gegenwärtige Rechts- und Verfassungslage hinreichend aufzuklären.

Die Folgen der faktischen Rechtsabstinenz sind fatal: Während in allen gesellschaftlichen und kulturellen Bereichen Anpassungen an die Wirklichkeit stattgefunden haben, lehrt die Theologie auf einem seit knapp 2000 Jahren unveränderten Stand. Der aufgeklärte und rechtsbewußte Christenmensch sieht sich zwangsläufig in einem unauflöslichen Zwiespalt. Denn einerseits wird ihm die Wahrhaftigkeit biblischer Historie Sonntag um Sonntag gepredigt[3], obgleich er andererseits erkennen muß, daß unser aufgeklärtes Recht des 20. Jahrhunderts andere, emanzipiertere Züge trägt, die geeignet sind, die Rechtmäßigkeit biblischen Geschehens umfassend in Zweifel zu ziehen. So sind die Volkszählung des Augustus, die diskrimierende Darstellung der Frau Maria, die strafrechtlich zweifelhaften Handlungen des Heiligen Geistes und viele andere Geschehnisse der „Weihnachtsgeschichte" nicht mit unseren Rechtsvorstellungen in Einklang zu bringen. Durch das Festhalten an einer über Jahrtausende unveränderten „frohen Botschaft" sind

---

3. Siehe zum sonntäglichen Gottesdienst insbesondere: *Baldus*, Gottesdienstliche Handlungen als Störungen der Sonntagsruhe, DÖV 1971, 338; *Campenhausen*, Rechtsprobleme des kirchlichen Glockengeläuts, DVBl 1972, 316; *Martens*, Kirchenglocken und Polizei, in: FS *Gerhard Wacke*, 343.

viele Menschen anscheinend derart verwirrt und enttäuscht, daß sich Tausende diesem Recht-und-Glaubens-Konflikt mit Austritten aus der Kirche und Konfessionswechseln entziehen. Übrig bleiben letztlich wohl nur etwas naiv und lebensfremd strukturierte Mitglieder,[4] wenn nicht die letzten Standhaften sich endlich darauf besinnen, die sich unversöhnlich gegenüberstehenden Wertungswidersprüche der Theologie und Juristerei aufzulösen. Diesem Unterfangen ist das vorliegende Werk geschuldet. Wir hoffen inständig, damit zur Rettung des Christentums beizutragen.

Im folgenden soll demgemäß eine Überprüfung an dem gültigen und objektiven Maßstab des Rechts erfolgen. Heranzuziehen ist dabei selbstverständlich unser geltendes Recht. Dies wäre formaljuristisch schon deshalb korrekt, weil durch das jährliche Aufführen von Krippenspielen und die Ritualisierung von Weihnachtsbräuchen[5] ein rechtlicher Fortsetzungszusammenhang besteht und damit ohnehin das heutige deutsche Recht heranzuziehen wäre.[6] Vordringlich ist aber ein anderer Gedanke: Wenn Recht und Glauben harmonisiert werden sollen, kann nicht auf das Recht und die Rechtsmaßstäbe unserer seligen Vorfahren zurückgegriffen werden, sondern dies geht nur unter Zugrundelegung der heutigen Verhältnisse, denn unser Recht können wir nicht um zwei Jahrtausende zurückentwickeln; während die Geschichte, auf die der

---

4. Kein Ruhmesblatt der katholischen Kirche, aber wahrscheinlich bald repräsentativ für deren Mitglieder, waren die praktizierenden Katholikinnen R. und H. über die der Bundesgerichtshof kürzlich zu richten hatte (*BGHSt* 35, 347-356 – „Katzenkönig"). H. hatte der R. nämlich unter Berufen auf deren christlichen Glauben eingeredet, der „Katzenkönig" verlange ein Menschenopfer in Gestalt der Frau N. Es handele sich bei dieser Tötung um einen „göttlichen Auftrag" zur Rettung der Menschheit. R. glaubte ihr dies, suchte die N. auf, stach mit einem Fahrtenmesser auf diese hinterrücks ein, um sodann in der Gewißheit zu fliehen, sie tödlich verletzt zu haben. N. überlebte. R. und H. feiern ihre Messen nun in vergitterten Gemäuern, so daß auch insoweit der Mitgliederschwund der Kirchen vergrößert wurde.

5. Hierzu etwa in der Literatur: *Lebold*, Die Entwicklung der Bescherungsspiele und die Nordostfränkischen Einkehrspiele am Weihnachtsabend; *Tille*, Die Geschichte der deutschen Weihnachten; *Rietschel*, Weihnachten in Kirche, Kunst und Volksleben.

6. Vgl. *Gieschen/Meier*, Strafakte Faust, 13; *Günther*, Der Fall Max und Moritz, 7 ff.; Schönke-Schröder-*Stree*, Vor §§ 52 ff. Rdnr. 30 ff.

Glaube basiert, durchaus modifizierungsfähig ist. So wie die katholische Kirche irgendwann nach der Verurteilung Galileo Galileis einsehen und eingestehen mußte, daß es sich bei der Erde wohl doch um eine „Kugel" handelt, und wie auch den Theologen mittlerweile deutlich geworden sein könnte, daß die Erschaffung der Welt in sieben Tagen nicht mit allen naturwissenschaftlichen Erkenntnissen korrespondiert, so ist es dringend an der Zeit, die Anfänge des Christentums modernen Vorstellungen des Rechts anzupassen. Kurzum: Maria, Joseph, Jesus und all die anderen in einem Stall gleich nebenan, im ausgehenden 20. Jahrhundert.

A. Tatbestand

Die Geschichte beginnt mit einem Treffen zwischen Herrn Gabriel Engel und Maria. Engel sucht die bis dahin jungfräuliche und mit Joseph verlobte Maria auf. Engel verkündet der Maria, sie werde in Kürze schwanger und in direkter Folge daraus einen Sohn gebären, der Jesus heißen soll. Maria sind diese Andeutungen rätselhaft, zumal sie bis zu diesem Zeitpunkt weder mit ihrem Ehemann noch einem anderen Mann geschlechtlich verkehrt hatte und die jungfräuliche Geburt seinerzeit unbekannt war. Engel löst dieses Rätsel

dahingehend, daß Maria in Kürze die Bekanntschaft eines Unbekannten (den er mal als „Heiliger Geist", mal als „Höchster" und schließlich als „Gott" bezeichnet[7]) machen werde, der dann über sie komme und sie überschatte. So muß es dann geschehen sein. Denn als Maria von einem dreimonatigen Besuch bei ihrer Schwägerin Elisabeth zu Joseph zurückkehrt, ist ihr die Schwangerschaft bereits anzusehen.[8]

Für Joseph ist dies ein eindeutiges Zeichen des Ehebruchs. Er erwägt, Maria still und heimlich zu verlassen. Bevor er diesen Entschluß jedoch in die Tat umsetzen kann, taucht wieder Engel auf und berichtet ihm, wer seine Verlobte geschwängert hat. Aus irgendeinem Grund gibt sich Joseph mit dieser Erklärung zufrieden, macht kein weiteres Aufheben von der Sache und bleibt bei Maria. Zum Vollzug des ehelichen Geschlechtsverkehrs ist es zwischen beiden während der Schwangerschaft nicht mehr gekommen.

Zur gleichen Zeit wird eine allgemeine Volkszählung angeordnet, zu deren Durchführung sich jeder Einwohner an den Ort seiner Geburt begeben muß. Joseph und Maria reisen daher in einen kleinen Ort in der Provinz. Dort angekommen finden sie jedoch keine Unterkunft und müssen schließlich mit einem Stall vorliebnehmen, in dem sich aller Wahrscheinlichkeit nach mindestens ein Ochse und ein Esel aufgehalten haben.[9] An diesem Ort wird Jesus geboren und verbringt seine ersten Lebenstage in einer Futterkrippe.

Wieder erscheint Engel, diesmal bei ein paar Hirten, die sich zufällig in der Nähe auf dem Feld aufhalten, und berichtet dort von der Geburt des vorerwähnten Jesus. Die Hirten, von Neugier getrieben, suchen die Geburtsstätte auf und berichten schließlich in ihrem Bekanntenkreis von dem Ereignis.

Infolgedessen kommt es zum Besuch weiterer Menschen an der Geburtsstätte des Jesus. Je nach Zeugenaussage handelte es sich dabei entweder um Magier, Weise oder Könige. Ihre Zahl wird heute mit drei festgelegt. Jedenfalls waren sie einem Stern gefolgt,

7. *Lukas* Kapitel 1, Vers 35.
8. *Matthäus* Kapitel 1, Vers 18.
9. Gottes Wort und unsere Antwort. Handbuch für den Bibelunterricht. Bd. II, 44.

der sie schließlich in die Landeshauptstadt des Geburtslandes Jesu brachte. Hier erkundigten sie sich nach dem genauen Geburtsort des späteren Religionsstifters, den sie „König der Juden" nannten. Der örtliche Machthaber Herodes muß daher einen Machtverlust befürchtet haben. Mißtrauisch geworden und vom Verfolgungswahn besessen, hält er es für zweckmäßig, etwas gegen den Neugeborenen zu unternehmen. Hierfür versucht er, mit Hilfe von drei Königen, Namen, Wohnung und Alter von Jesus zu erfahren. Kaspar, Melchior und Balthasar – so die Namen der Drei Heiligen Könige – finden schließlich das Kind und überreichen ihm Gold, Weihrauch und Myrrhe.[10] Ihrerseits mißtrauisch gegen die Absichten des örtlichen Potentaten, verlassen sie seinen Herrschaftsbereich, ohne ihm den genauen Aufenthalt des Kindes mitzuteilen.

Acht Tage nach seiner Geburt wurde Jesus sodann in einer Art ritueller Handlung derart von Joseph[11] an seinem Geschlechtsorgan verletzt, daß ihm fürderhin die Vorhaut fehlte. Nicht im einzelnen bekannt ist, ob sich der „Mangel" im späteren Gefühlsleben ausgewirkt hat.[12] Allerdings wird auch nicht davon berichtet, daß der Heilsbringer zu Fortpflanzungsversuchen angesetzt hat.[13]

Nur kurz darauf ist es Engel, der diesmal Joseph dazu nötigt, mit der Familie in ein anderes Land zu fliehen, um das Kind vor Ungemach durch den Herodes zu schützen. Dieser wartet unterdes auf die Rückkehr der drei Könige. Als sie auch nach längerem Zuwarten nicht auftauchen, gibt Herodes in einem Anfall von Zorn und Enttäuschung über den mißlungenen Plan den Befehl, in der Umgebung des vermeintlichen Geburtsortes alle Knaben bis zum Alter von zwei Jahren umzubringen, was dann auch geschieht.

---

10. Über den Sinn dieser Spenden gibt es die wildesten Spekulationen, so zitiert *de Voragine* einen Sanct Bernhard, „daß sie Gold opferten für die Armut Marien, Weihrauch wider den bösen Geruch des Stalles, Myrrhen um des Kindes Glieder zu kräftigen und die bösen Würmer zu vertreiben"; siehe *de Voragine*, Legenda aurea, 110.

11. Vgl. Gottes Wort und unsere Antwort. Handbuch für den Bibelunterricht, 51.

12. Offenbar nicht – so jedenfalls: *Hanke-Basfeld*, Christbaumständer.

13. Anders nur die Darstellung in *Martins Scorsece*'s Die letzte Versuchung Christi.

B. Rechtslage

I. Die Ahnen Jesu

1. Inzestuöse Beziehungen der Vorfahren Jesu gemäß § 173 StGB

Herr Matthäus beginnt seine Schilderung über die Geschichte des kleinen Heilandes mit den Worten:

Dies ist das Buch von der Geschichte Jesu Christi, der da ist ein Sohn Davids, des Sohnes Abrahams.

Abraham zeugte Isaak. Isaak zeugte Jakob. Jakob zeugte Juda und seine Brüder. Juda zeugte Perez und Serach von der Thamar. Perez zeugte Hezron. Hezron zeugte Ram. Ram zeugte Amminadab. Amminadab zeugte Nachschon. Nachschon zeugte Salma. Salma zeugte Boas von der Rahab. Boas zeugte Obed von der Ruth. Obed zeugte Jesse. Jesse zeugte den König David. David zeugte Salomo von dem Weib des Uria. Salomo zeugte Rehabem. Rehabem zeugte Abia. Abia zeugte Asa. Asa zeugte Josaphat. Josaphat zeugte Joram. Joram zeugte Usia. Usia zeugte Jotham. Jotham zeugte Ahas. Ahas zeugte Hiskia. Hiskia zeugte Manasse. Manasse zeugte Amon. Amon zeugte Josia. Josia zeugte Jojachin und seine Brüder um die Zeit der babylonischen Gefangenschaft. Nach der babylonischen Gefangenschaft zeugte Jojachin Sealthiël. Sealthiël zeugte Serubabel. Serubabel zeugte Abiud. Abiud zeugte Eliakim. Eliakim zeugte Asor. Asor zeugte Zadok. Zadok zeugte Achim. Achim zeugte Eliud. Eliud zeugte Eleasar. Eleasar zeugte Matthan. Matthan zeugte Jakob. Jakob zeugte Joseph, den Mann der Maria, von welcher geboren ist Jesus, der da heißt Christus.

Alle Glieder von Abraham bis auf David sind vierzehn Glieder. (Matthäus Kapitel 1, Vers 1 bis 17).[14]

Bei der Lektüre der Ahnenliste des Jesus fällt auf, daß dort lediglich fünf Frauen, jedoch vierzig Männer namentlich erwähnt werden. Wobei die Männer jeweils im Verhältnis Vater – Sohn zueinander stehen. Dies legt den Verdacht nahe, daß im Laufe der Generationen wiederholt ein Sohn ein Kind mit seiner Mutter gezeugt haben könnte,[15] womit die Ahnen des Jesukindes sich gemäß § 173 StGB strafbar gemacht haben könnten. Nach § 173 StGB wird nämlich mit Freiheitsstrafe *bis zu drei Jahren oder mit Geldstrafe bestraft, wer mit einem leiblichen Abkömmling den Beischlaf vollzieht.*

Da aber weitere Anhaltspunkte als allein das Fehlen der namentlichen Erwähnung der an der Zeugung der verschiedenen Generationen beteiligten Frauen in der Ahnenliste nicht vorhanden sind, die den Verdacht der inzestuösen Beziehungen[16] weiter erhärten könnten, kann nicht davon ausgegangen werden, daß hier ein strafbares Handeln gem. § 173 StGB vorliegt.

Nicht (mehr) unter Strafe gestellt ist der Sexualverkehr zwischen Verwandten als solches – die sogenannte Inzucht. Das beglückt uns gerade in bezug auf die Ahnen unseres kleinen Glaubensstifters, da diese ja fast alle – notwendig – von Adam und Eva abstammten,[17] und damit auch alle mehr oder weniger verwandt waren. Es liegt und lag wohl in niemandes Interesse, auf dieser Grundlage die ganze Christenheit einzukerkern.

---

14. In umgekehrter Reihenfolge und mit kleinen Abweichungen ist der Stammbaum Jesu auch nachzulesen in dem Zeugnis von Herrn *Lukas* Kapitel 3 Vers 23-38.

15. Vgl. *Rank*, Das Inzest- Motiv in Dichtung und Sage, Grundzüge einer Psychologie des dichterischen Schaffens, ; siehe auch: *v. Hentig*, Blutschandefälle Mutter – Sohn, MschrKrim 1962, 15.

16. Siehe zum ganzen: *Gerchow*, Ergebnisse über Bedeutung soziologischer, psychologischer und psychopathologischer Faktoren bei Inzesttätern der Nachkriegszeit, MschrKrim 1955, 168; *Maisch*, Der Inzest und seine psychodynamische Entwicklung, Beitr. z. Sexualforschung, Bd.33 (1965), 51.

17. *Lukas* Kapitel 3, Vers 23-38, der die Abstammung Jesu von Adam und Eva schlüssig darlegt.

2. Das Neue Testament und das Gleichberechtigungsgebot des Art. 3 Abs. 2 GG

Die Ahnen unseres Christkindes sind also nicht strafbar. Gleichwohl gilt es zu fragen, ob diese und weitere Darstellungen der familien- und erbrechtlichen Verbindungen der Vorfahren Jesu den Anforderungen des gegenwärtigen Verfassungsrechtes standhalten.

Die Rechtslage im Jahre Null war eindeutig: Nach der Überlieferung des § 13 Satz 2 GdH-2.GBM[18]durch Lukas[19] sollte

Alle männliche Erstgeburt (...) dem Herr geheiligt heißen.

Und auch das Recht der römischen Besatzungsmacht machte nicht viel Aufhebens um die Gleichstellung der Frau. Die gesamte Ehegewalt (manus) oblag dem paterfamilias, dem Hausvater. Dessen Gewalt umfaßte sogar das Recht, über Leben und Tod der Ehefrau zu entscheiden (ius vitae necisque), sie zu züchtigen und zu verstoßen.[20] Sowohl nach dem Alten Testament als auch nach dem seinerzeit geltenden römischen Recht wäre der Wortlaut der Darstellung der Ahnenreihe demnach nicht anzugreifen gewesen.

Im ausgehenden 20. Jahrhundert können solche rechtshistorischen Betrachtungen nicht ausreichen. Gleicherweise wie das Buch der Bücher, das Bürgerliche Gesetzbuch vom 1. Januar 1900, ein ums andere Mal einer Korrektur bedurfte, könnten dem gesetzesgleichen Text der Christenmenschen verfassungsrechtliche Bedenken entgegenstehen. In Artikel 3 Absatz 2 des Grundgesetzes heißt es bekanntermaßen:

Männer und Frauen sind gleichberechtigt.

Aus diesem Satz folgt nicht – so die einhellige Meinung in den Rechtswissenschaften –, daß Männer und Frauen stets gleich zu behandeln wären. Vielmehr sind am Geschlecht orientierte Diffe-

---

18. Gesetz des Herrn im Zweiten Gesetzbuch *Mose.*
19. Kapitel 2, Vers 23
20. *Kaser*, Römisches Privatrecht, § 58 II.

renzierungen dann zulässig, wenn hierfür „objektiv biologische oder funktionale (arbeitsteilige)"[21] als nachvollziehbare und plausible Gründe bestehen.[22] In einer recht bekannten, neueren Entscheidung des Bundesverfassungsgerichts vom 5. März 1991 stellte sich das Problem, ob eine in § 1355 Abs. 2 BGB getroffene Regelung verfassungsgemäß ist. In Absatz 2 hieß es:

Zum Ehenamen können die Ehegatten bei Eheschließung durch Erklärung gegenüber dem Standesbeamten den Geburtsnamen des Mannes oder den Geburtsnamen der Frau bestimmen. Treffen sie keine Bestimmung, so ist Ehename der Geburtsname des Mannes.

Das Bundesverfassungsgericht urteilte, die Norm verstoße gegen das Diskriminierungsverbot des Art. 3 Abs. 2 GG, da es keinen einleuchtenden sachlichen Grund für die Privilegierung des Mannesnamens gebe.[23] Namentlich bestehe kein einsichtiger biologischer oder funktionaler Unterschied. Daß die Beibehaltung des Namens für den Mann aufgrund seiner häufig höheren Berufsposition oft wichtiger sei, läßt das Verfassungsgericht nicht gelten: „Die geringere Präsenz von Frauen in höheren Positionen (...) ist teilweise selbst das Ergebnis ungerechtfertigter Benachteiligung".[24]

Und so ist es auch in den Evangelien. Bei zeitgemäßer Betrachtung muß gesagt werden, daß kein hinreichender Grund für das Verschweigen der Frauen in den Erzählungen der Vorfahren ersichtlich ist. Geschichtlich mag die verfassungswidrige Fassung erklärbar sein; das ändert jedoch nichts daran, daß sich auch diese Textstelle der bundesrepublikanischen Verfassung als übergeordnetes Recht anzupassen hat. Denn die traditionelle Prägung einer Rechtsregel reicht für deren Wirksamkeit nicht aus.[25]

Die Eingangspassage müßte von Rechts wegen danach beispielsweise lauten: Dies ist das Buch von der Geschichte Jesu Christi, der

---

21. *BVerfGE* 63, 181, 194; 94, 9, 17.
22. Siehe nur *BVerfGE* 94, 9, 17.
23. Siehe nur *BVerfGE* 94, 9, 17.
24. *BVerfGE* 94, 9, 19.
25. *BVerfGE* 94, 9, 17.

da ist ein Abkömmling Davids und Johannas.[26] David wiederum stammt ab von Abraham und Sara. Als seniler Greis von hundert Jahren,[27] und insofern medizinisches Wunder, schwängerte Abraham die auch nicht eben junge Sara.[28] Und so weiter.

II. Weissagung und Ankündigung der Geburt Jesu: Himmlische Boten, Wahrsager und andere Hellseher in der deutschen Rechtsprechung

Nur am Rande unserer Erörterungen soll uns interessieren, welche Rechtsstellung den im Neuen und Alten Testament immer wieder vorkommenden Propheten (Jesaja, Jeremia, Hesekiel, Daniel und viele viele andere), Hellsehern sowie den Überbringern angeblicher gottgesandter Nachrichten zuzumessen ist.[29] An sehr vielen Stellen der Bibel treffen und übermitteln diese zweifelhafte Voraussagen über die Zukunft, wofür als Beleg folgende Textstelle genügen soll:

Und im sechsten Monat ward der Engel Gabriel gesandt von Gott in eine Stadt in Galiläa, die heißt Nazareth, zu einer Jungfrau, die vertrauet war einem Manne mit Namen Joseph, vom Hause David; und die Jungfrau hieß Maria. Und der Engel kam zu ihr herein und sprach: Gegrüßet seist du, Hochbegnadete! Der

---

26. Name frei erfunden. David lebte tatsächlich polygam (1. Chronik 14, 3), so daß im Abstand von einigen tausend Jahren die genaue Bennung der beteiligten Frau uns nicht möglich erscheint.

27. 1. Buch *Mose* Kapitel 21, Vers 5.

28. 127 Jahre, 1. Buch *Mose* Kapitel 22, Vers 1-2. – Auch dabei soll übrigens „Der Herr" nicht ganz unbeteiligt gewesen sein : *Und der Herr suchte Sara heim, wie er gesagt hatte, und tat an ihr, wie er geredet hatte. Und Sara ward schwanger und gebar dem Abraham in seinem Alter einen Sohn um die Zeit, von der Gott zu ihm geredet hatte* (1. Buch *Mose* Kapitel 21, Vers 1 und 2).

29. Zu den möglichen strafrechtlichen Folgen siehe: *Wehner*, Selbstbezichtiger – Geistesgestörte – Übersinnliche ... Über die Anwendung übersinnlicher Methoden bei polizeilichen Ermittlungsverfahren, Kriminalistik 1978, 111; *Wimmer*, Okkultfahndung auch noch heute? Kriminalistik 1978, 109 f.; *Husler*, Hilfe von der „Hexerin". Ein ebenso dilettantischer wie heimtückischer Mordanschlag, Kriminalistik 1985, 157-159.

Herr ist mit dir! (...) Und der Engel sprach zu ihr: Fürchte dich nicht, Maria, du hast Gnade bei Gott gefunden. Siehe du wirst schwanger werden und einen Sohn gebären, des Namen sollst du Jesus heißen. Der wird groß sein und ein Sohn des Höchsten genannt werden; und Gott der Herr wird ihm den Thron seines Vaters David geben; und er wird ein König sein über das Haus Jakob ewiglich, und seines Reichs wird kein Ende sein. (Lukas Kapitel 1, Vers 26-33)

In knappe Worte gefaßt, läßt sich aus rechtlicher Sicht dazu folgendes feststellen:

Erstens: Wahrsagen ist das Voraussagen künftiger Ereignisse, das Ausdeuten der Gegenwart und Vergangenheit und jede Offenbarung von Dingen, die dem natürlichen Erkenntnisvermögen entzogen sind.[30] Damit unterfallen auch Astrologie, Prophetie und himmlische Weissagungen der Wahrsagerei.

Zweitens: Die entgeltliche Betätigung als Wahrsager stellt einen grundsätzlich erlaubten Beruf im Sinne von § 12 Abs. 1 Grundgesetz dar, unterfällt also der Berufsfreiheit.[31] Unsere Propheten Jesaja und andere, aber auch die botschaftenverkündenden Engel als himmlische Boten sind durch Art. 12 GG geschützt, da sie diese Aufgabe offenbar unentwegt erledigen und sich – wie auch immer – davon ernähren. Sie betreiben alle ein Gewerbe im Sinne des § 1 Gewerbeordnung.[32]

Drittens: Die Ausübung der gewerbsmäßigen Wahrsagerei kann nicht wegen mangelnder Sachkunde der Engel und Propheten untersagt werden.[33]

Viertens: Es handelt sich – so jedenfalls der Bayerische Verwal-

---

30. Vgl. § 1 Abs. 1 der Bremischen Verordnung gegen das Wahrsagen – Wahrsageverordnung (BremGBl 1934, 306). Vgl. auch Berliner Verordnung des Polizeipräsidenten betreffend das Wahrsagen (ABl. 1934, 243); – weitere länderspezifische Normen in bezug auf Wahrsagerei nachzulesen in: *BVerwGE* 22, 286, 291 ff.

31. *BVerwGE* 22, 286, 295 – Astrologe.

32. *BVerwGE* 22, 286, 295 ff.

33. *BVerwGE* 22, 286, 296 f.

tungsgerichtshof – aber nicht um Dienste „höherer Art"[34] – auch wenn der Christenmensch solches für die Gottgesandten bislang anzunehmen gewillt war.

Fünftens: Die Werbeaussage eines Wahrsagers „Trefferquote 99,998 %" verstößt gegen § 3 UWG – Irreführende Werbung –, solange diese Quote nicht bewiesen werden kann.[35] Etwas Zurückhaltung ist also auch für unsere Himmelsboten empfehlenswert, wenn sie den Erdenmenschen gegenübertreten und ohne jede Eingrenzung der Wahrscheinlichkeit das Eintreten zukünftiger Ereignisse voraussagen.

III. Zeugung des Christkindes

1. Strafrechtliche Aspekte der Schwängerung durch den Heiligen Geist

Wie uns zwei Zeugen vom Hörensagen, ein gewisser Herr Lukas und Herr Matthäus, mitteilen, ist der kleine Heilsbringer in außergewöhnlicher Weise gezeugt worden. Dessen Mutter Maria soll vor und nach der Befruchtung durch den Heiligen Geist Jungfrau gewesen sein:

Und im sechsten Monat ward der Engel Gabriel gesandt von Gott in eine Stadt in Galiläa, die heißt Nazareth, zu einer Jungfrau, die vertraut war einem Manne mit Namen Joseph, vom Hause David; und die Jungfrau hieß Maria. (...) Und der Engel sprach zu ihr (...) Siehe Du wirst schwanger werden und einen Sohn gebären, des Namens sollst du Jesus heißen. (...) Da sprach Maria zu dem Engel: Wie soll das zugehen, da ich doch von keinem Manne weiß? Der Engel antwortete und sprach zu ihr: Der Heilige Geist wird über dich kommen, und die Kraft des Höch-

---

34. *BayVGH* GewArch 1990, 172 – Kartenleger und Wahrsager.
35. *LG Oldenburg* NJW-RR 1991, 940 f.

sten wird dich überschatten; darum wird auch das Heilige, das von dir geboren wird, Gottes Sohn genannt werden. (Lukas Kapitel 1, Vers 26-35).

Der Zeuge Matthäus erwähnt die Jungfrauenschaft ebenfalls:

Die Geburt Jesu Christi geschah aber also: Als Maria, seine Mutter, dem Joseph vertraut war, erfand sich's, ehe er sie heimholte, daß sie schwanger war von dem Heiligen Geist (Matthäus Kapitel 1, Vers 18).

Sodann Herr Engel zu Joseph mit den Worten:

Joseph, du Sohn Davids, fürchte dich nicht, Maria, dein Gemahl, zu dir zu nehmen; denn das in ihr geboren ist, das ist von dem Heiligen Geist. Und sie wird einen Sohn gebären, des Namen sollst du Jesus heißen, denn er wird sein Volk retten von ihren Sünden. Das ist aber alles geschehen, auf daß erfüllt würde, was der Herr durch den Propheten gesagt hat, der da spricht: „Siehe, eine Jungfrau wird schwanger sein und einen Sohn gebären" (Matthäus Kapitel 1 Vers 23-25).

Mithin war Frau Maria bis zur Geburt unbescholten, nicht defloriert. Wir haben es damit – schenkt man den übereinstimmenden Aussagen Glauben – mit einem nahezu einzigartigen Vorgang der Geschichte – der Rechtsgeschichte allemal – zu tun. Dem forschenden Naturwissenschaftler dürfte unser Erstaunen lediglich ein überlegenes Lächeln entlocken. Ist doch die Luftbestäubung nicht erst im Zeitalter der Raumfahrt und Biogenetik entwickelt worden. Naturwissenschaftlich versteht man unter Bestäubung die Übertragung des Pollens eines Windblütlers auf die große, gut zugängliche, meist federförmige Narbe der Empfängerin.[36] Häufig hängt eine erfolgreiche Bestäubung von der Mithilfe von Umweltmedien (Wind, Tiere, Wasser) ab. Ja – und so ungefähr könnte sich die Befruchtung der Maria vollzogen haben.[37]

Für das weitere Vorgehen wollen wir diese Meinung als „Luftbestäubungstheorie" bezeichnen – wobei für Nichtjuristen erklärend gesagt werden muß, daß die Juristen jede Meinung als „Theorie" verorten, auch wenn sie nur in einem Satz durch Subjekt, Objekt und Prädikat artikuliert wird; was dazu geführt hat, daß es wohl heutzutage mehr Theorien als praktizierende Juristen gibt.

Weniger romantisch ist da die gleichfalls denkbare „Zwei-Zentimeter-Theorie". Es könnte ja durchaus sein, daß, als der Heilige Geist Maria überschattete, es sehr wohl zum geschlechtlichen Kontakt gekommen ist, ohne daß dies jedoch die Zerstörung des Hymens zur Folge hatte. Auf diese Weise wäre es rein medizinisch immer noch zutreffend von der Jungfräulichkeit unserer Christkindsmutter zu sprechen. Ob das nur teilweise Eindringen darauf zurückzuführen ist, daß es mit der Allmächtigkeit des Allmächti-

---

36. Pflanzenkunde, 74 f.

37. Als Umweltmedien kämen – jedenfalls im Zeitalter der modernen Apparatemedizin – auch technische Hilfsmittel zur Einspritzung männlichen Samens in Betracht, die nicht notwendigerweise zur Zerstörung des Hymen führen. So wurde kürzlich von einem Fall aus dem Jahre 1992 in den USA berichtet, in der eine Frau die Sameneinspritzung des Spenders mit Hilfe einer Gebäckspritztüte vornahm und im anschließenden 30-minütigen Kopfstand für die notwendige Weiterleitung des Spermas sorgte; – siehe Weser-Kurier vom 22.4.1993, S. 16.

gen doch nicht so weit her ist, und er sich in einer besonderen Streßsituation, hier der Zeugung des Erlösers, mit einem typisch männlichen Problem konfrontiert sah,[38] oder ein ähnlicher Fall wie der der Entscheidung des Reichsgerichts[39] zugrunde lag, wo die beiden Angeklagten einander gegenseitig an den Geschlechtsteilen gespielt hatten, wobei es bei dem Angeklagten zum Samenerguß gekommen war, und danach dieser sich auf die mit entblößtem Geschlechtsteil im Heu liegende Angeklagte legte, die dann versuchte, das Glied des Angeklagten bei sich einzuführen, was ihr, weil es schlaff geworden war, nicht gelang, mag hier dahingestellt bleiben. Jedenfalls wollen wir – um einem typisch juristischen Theorienstreit die Bahn zu brechen – vorliegend davon ausgehen, daß es sich auch so zugetragen haben könnte, daß das wie auch immer gestaltete Zeugungsorgan des „Heiligen Geist" nicht mehr als wenige Zentimeter in Maria eingedrungen ist und so ihre Jungfräulichkeit erhalten blieb.[40]

Der wichtigste Unterschied der beiden Theorien liegt darin, daß es im einen Fall zu einer direkten Berührung und teilweisen Einführung des einen Geschlechtsorgans mit und in das andere kam, und im anderen Fall der Zeugungsakt quasi entsexualisiert ist. Bevor wir den Theorienkonflikt entscheiden, ist danach zu fragen, ob die beiden Theorien rechtspraktisch überhaupt zu Unterschieden führen.

a) Strafrechtliche Konsequenz der Zwei-Zentimeter-Theorie

aa) Sexueller Mißbrauch von Schutzbefohlenen § 174 StGB

Nachdem Maria die geschlechtliche Beiwohnung durch Engel mit den Worten:

---

38. *N.N.*, „Schwups – schon steht er", Spiegel Nr. 11/ 1993, 236 ff.

39. *RG* HRR 1939 Nr. 1485.

40. Gegen die sogenannte „unbefleckte" Empfängnis: der „alte Sack" in: *Moers*: Der alte Sack, ein kleines Arschloch und andere Höhepunkte des Kapitalismus, 43, mit der folgenden Äußerung: „Wir glauben an die befleckte Empfängnis".

Der Heilige Geist wird über dich kommen, und die Kraft des Höchsten wird dich überschatten (Lukas Kapitel 1, Vers 35)

angekündigt worden war, willigte sie bedingungslos in dieses Treiben ein:

Siehe, ich bin des Herrn Magd; mir geschehe, wie du gesagt hast (Lukas. Kapitel 1, Vers 38).

Diese Worte klingen heute harmloser als sie ursprünglich gemeint waren.[41] Die Magd war die Sklavin, die ihrem Herrn mit Leib und Seele hörig war. Auf einen eigenen Willen kann soweit also kaum geschlossen werden. Wer auch immer letztlich Maria geschwängert hat, ob es nun der große Unbekannte war, der sich selbst „Heiliger Geist", „Allerhöchster", „Gott" oder schlicht „Herr" nennt,[42] aus der überlieferten Geschichte ergeben sich einige Hinweise darauf, daß er dies unter Ausnutzung eines Abhängigkeitsverhältnisses getan hat. Dann könnte er sich nach heute gültigem Recht jedoch strafbar gemacht haben:

Mit Freiheitsstrafe bis zu fünf Jahren oder mit Geldstrafe wird bestraft, wer sexuelle Handlungen an einer Person unter sechzehn Jahren, die ihm zur Erziehung, zur Ausbildung oder zur Betreuung in der Lebensführung anvertraut ist, vornimmt.

Drei Tatbestandsmerkmale müßten vorerst also erfüllt sein: Es müßte sich um sexuelle Handlungen handeln, Maria dürfte noch nicht 16 gewesen sein, und es müßte ein besonderes Abhängigkeitsverhältnis zwischen dem Heiligen Geist und der Maria vorliegen.

Sexuelle Handlung im Sinne des Strafgesetzbuchs „ist jede menschliche Handlung, die entweder schon nach ihrem äußeren Erscheinungsbild für das allgemeine Verständnis eine Beziehung zum Geschlechtlichen aufweist, d.h. objektiv geschlechtsbezogen

---

41. Vgl. Gottes Wort und unsere Antwort. Handbuch für den Bibelunterricht, 26.
42. Nach *Grundmann*, Theologischer Handkommentar, Bd. 2, 66, könnte es sich auch um einen römischen Soldat mit dem Namen Panthera handeln.

erscheint, oder die bei mehrdeutigem äußeren Erscheinungsbild, z.B. einer gynäkologischen Untersuchung, einer sexuellen Ersatzhandlung oder einer körperlichen Mißhandlung durch die Absicht motiviert ist, sich selbst oder einen anderen geschlechtlich zu erregen oder zu befriedigen".[43]

Um sexuelle Handlungen handelt es sich jedenfalls dann, wenn der Beischlaf vollzogen wird. Dies geschieht „durch die Vereinigung des männlichen und des weiblichen Geschlechtsteils. Dabei ist erforderlich, daß das männliche Glied in den weiblichen Geschlechtsteil, wenn auch nur unvollständig, eindringt."[44] Früher hatte der Bundesgerichtshof[45] die Auffassung vertreten, daß das Eindringen, das für die Annahme des Beischlafs erforderlich ist, erst dann beginnt, wenn es den Raum hinter dem den Scheideneingang abschließenden Jungfernhäutchen erreicht, wobei dessen Einwölbung genügen sollte. Nicht zuletzt wegen der damit verbundenen Beweisschwierigkeiten vertritt der Bundesgerichtshof[46] mittlerweile, daß der Beischlaf in diesem Sinne bereits vollendet sein soll, wenn das männliche Glied zwischen den Schamlippen hindurch in den Scheidenvorhof eindringt.[47]

Nach der hier zugrunde gelegten „Zwei-Zentimeter-Theorie" ist es damit zumindest zu einer, wenn auch vielleicht nicht befriedigenden Berührung der Geschlechtsorgane gekommen, was für die Bejahung der tatbestandlich geforderten sexuellen Handlung allemal ausreichend ist. Ein Samenerguß ist zwar nicht erforderlich,[48] dürfte im vorliegenden Fall wegen der nachfolgenden Ereignisse aber gleichwohl stattgefunden haben.

Zur Erfüllung des Tatbestandes müßte Maria zum Zeitpunkt des vollzogenen Geschlechtsverkehrs unter 16 Jahren alt gewesen sein.

---

43. *Lackner* § 184c StGB Rdnr. 2
44. LK – *Dippel* § 173 Rdnr. 9
45. NJW 1959, 1061.
46. *BGHSt* 16, 175
47. *BGHSt* 16, 175.
48. H.M., vgl. *Dreher/Tröndle* § 173 Rdnr. 6.

An dieser Tatsache dürfte es kaum Zweifel geben. So weist Hilger[49] darauf hin, daß Mädchen in einem Alter zwischen 12 und 16 Jahren verheiratet wurden. Da hier eine „Verlobung" von Joseph und Maria gerade stattgefunden hatte und die Eheschließung mit der Heimholung vollendet werden sollte, wäre es schon sehr überraschend, wenn Maria älter als 16 gewesen wäre. Man kann – wie dies auch allgemein getan wird – deshalb getrost davon ausgehen, daß mit allergrößter Wahrscheinlichkeit Maria zwölf Jahre oder ein wenig älter war.[50]

Fraglich ist schließlich aber, ob wir es hier auch mit einem Abhängigkeitsverhältnis im Sinne des § 174 StGB zwischen Maria und ihrem Schwängerer zu tun haben. Maria selbst bezeichnet sich, wie bereits oben dargelegt, als Sklavin dieses Mannes. Ein Über-/ Unterordnungsverhältnis dürfte damit zweifelsfrei belegt sein. Dies reicht aber nicht aus. Der Täter muß eine Mitverantwortung auch für die Persönlichkeitsbildung des Schutzbefohlenen im ganzen tragen.[51] Wie sich zeigt, ist Marias ganzes Leben nach Regeln ausgerichtet,[52] die eben dieser Heilige Geist, der sie schwängerte, aufgestellt hat. Der Täter trägt hier also nicht nur eine Mitverantwortung, er ist geradezu bestimmend für den gesamten Lebensablauf Marias.

Damit sind sämtliche Tatbestandsmerkmale erfüllt. Der Heilige Geist hätte sich nach der Zwei-Zentimeter-Theorie eines sexuellen Mißbrauchs von Schutzbefohlenen strafbar gemacht.

bb) Vergewaltigung § 177 StGB

Wer eine Frau mit Gewalt oder Drohung mit gegenwärtiger Gefahr für Leib oder Leben zum außerehelichen Beischlaf mit ihm oder ei-

---

49. In: Gottes Wort und unsere Antwort. Handbuch für den modernen Bibelunterricht, S. 25.

50. So im einzelnen auch: *Hallaschka*, Maria. Leihmutter Gottes, Stern 53/1992, 39.

51. Vgl. *Lackner* § 174 Rdnr 6.

52. Vgl. nur *Lukas* Kapitel 1, Vers 22 – Gesetz des Moses; Kapitel 1, Vers 23-24 – Gesetz des Herrn; Kapitel 1, Vers 39 – Gesetz des Herrn.

nem Dritten nötigt, macht sich einer Vergewaltigung strafbar. So bestimmt es § 177 StGB.

Sollte der Heilige Geist Maria in diesem Sinne Gewalt angetan haben, als er mit ihr den Heilsbringer zeugte?

Zunächst einmal kommt es für die Verwirklichung des Tatbestands der Vergewaltigung nicht darauf an, daß die Nötigungshandlung und der Vollzug des Beischlafes von ein und derselben Person durchgeführt werden.[53] Engel kann als Nötiger[54] und der Heilige Geist als Beischlafender[55] angesehen werden.

Die Tatbestandsverwirklichung scheitert hier jedoch an der Einwilligung der Maria:

Mir geschehe, wie du gesagt hast (Lukas Kapitel 1, Vers 28).

Denn willigt die Frau freiwillig in den Beischlaf ein, so scheidet Vergewaltigung aus,[56] da für die Nötigung stets ein entgegenstehender Wille der Frau deutlich werden muß. Anderes soll nach einer Männerwunschvorstellung dann gelten, wenn die Frau infolge geschlechtlicher Erregung zu Widerstand nicht mehr fähig ist.[57] Eine sexuelle Erregung derart, daß die Möglichkeit zum weiteren Widerstand ausgeschlossen wäre, ist als indirekte Folge der „Zwei-Zentimeter-Theorie" kaum anzunehmen. Auch ist nicht überliefert, daß Maria durch die Ankündigung der Befruchtung bis zur Willenlosigkeit erregt war, oder daß sie aus einem anderen Grunde innerlich nicht mit der Beiwohnung einverstanden war. Eine Strafbarkeit wegen Vergewaltigung scheidet deshalb aus.

cc) Sexueller Mißbrauch Widerstandsunfähiger § 179 StGB

§ 179 Abs. 2 StGB sieht vor, daß *derjenige, der eine Frau, die wegen*

---

53. *BGHSt* 27, 206.
54. „Die Kraft des Höchsten wird dich überschatten", *Lukas* Kapitel 1, Vers 35.
55. „Schwanger war vom heiligen Geist", *Matthäus* Kapitel 1, Vers 18.
56. Vgl. *Lackner* § 177 Rdnr. 3, *BGH* GA 68, 84.
57. *RG* JW 1938, 2734; *RG* DJ 1934, 1155.

einer krankhaften seelischen Störung, wegen einer tiefgreifenden Bewußtseinsstörung oder wegen Schwachsinns oder einer schweren anderen seelischen Abartigkeit zum Widerstand unfähig ist, zum außerehelichen Beischlaf mißbraucht, mit einer Freiheitsstrafe von einem Jahr bis zu zehn Jahren zu bestrafen ist.

Der Beischlaf zwischen dem Heiligen Geist und der Maria war außerehelich, da die Eheschließung erst mit der Heimholung vollendet war, der Geschlechtsverkehr aber vorher stattfand. Es bleibt zu klären, ob Maria widerstandsunfähig im Sinne des § 179 StGB gewesen ist und ob der Heilige Geist diesen Zustand ausgenutzt hat.

Vernünftigerweise könnten hier nur die Merkmale „tiefgreifende Bewußtseinsstörung" oder „andere seelische Abartigkeit" in Betracht kommen, da es Anhaltspunkte für eine krankhafte seelische Störung oder Schwachsinn bei Maria nicht gibt.

Zu der tiefgreifenden Bewußtseinsstörung sollen auch solche Fälle gehören, in denen das Opfer infolge Schock, Überraschung oder Schreck keinen Widerstandswillen bilden kann.[58] Dies ist hier aber auszuscheiden, da Maria der Vollzug des außerehelichen Geschlechtsverkehrs mit dem Allmächtigen bereits durch Engel angekündigt worden war. Sie wird daher bei dessen tatsächlicher Durchführung kaum noch überrascht worden sein.

Unter „seelischer Abartigkeit" werden gemeinhin Psychopathien, Neurosen und Triebstörungen erfaßt.[59] Nach dem geschriebenen Text des Evangeliums kommt hier nur übersteigerte „pubertäre Religionshinwendung" Marias in Betracht. Nach der Rechtsprechung des Bundesgerichtshofes ist darin aber keine seelische Abartigkeit zu sehen,[60] da die Abwehrfähigkeit damit noch nicht völlig erlegen ist. Der Entscheidung des Bundesgerichtshofs aus der das Vorgenannte folgt,[61] lag folgender, unsere Christen-

---

58. Vgl. Schönke-Schröder/*Lenckner* § 179 Rdnr. 4.

59. Das soll aber nicht für die Nymphomanin gelten, da es nach h.M. nicht Sinn des § 179 StGB sein könne, Männer durch Strafdrohung von ihr fernzuhalten; vgl.: Schönke-Schröder/*Lenckner* § 179 Rdnr. 5.

60. BGH NJW 1986, 1053.

freunde interessierender Sachverhalt zugrunde: Der Angeklagte – ein katholischer Pfarrer – nahm der 13jährigen M. in seinem Arbeitszimmer häufiger die Beichte ab. Bei dieser Gelegenheit ersuchte er die Minderjährige zunächst um wechselseitige Küsse, später unter dem Vorwand, sie werde mit dem Heiland vermählt, um Berühren ihrer Brust und Vagina. Für den Fall einer Weigerung oder der Offenbarung gegenüber Dritten drohte der Pfarrer mit dem Fegefeuer. Der Bundesgerichtshof verneinte eine Bestrafung nach § 179 StGB, da von einer seelischen Abartigkeit der frommen Minderjährigen (noch) nicht gesprochen werden könne.

Die Widerstandsunfähigkeit Marias läßt sich daher auch im vorliegenden Fall nicht mit der nötigen Sicherheit behaupten. Eine Strafbarkeit des Gottvaters wegen sexuellen Mißbrauchs Widerstandsunfähiger scheidet daher aus.

b) Strafrechtliche Konsequenzen der Luftbestäubungstheorie

Folgt man hingegen der Luftbestäubungstheorie, wird ein strafrechtlich relevantes Verhalten in der Befruchtung Marias nicht zu entdecken sein. Für die Sexualdelikte der §§ 174, 177, 179 Abs. 1 usw. StGB ist jeweils der sexuelle Kontakt oder sogar der Geschlechtsverkehr Voraussetzung der Strafbarkeit. Im engeren Sinne können solche geschlechtlichen Handlungen nach der Luftbestäubungstheorie nicht stattgefunden haben, da hier der Samen gewissermaßen vom Winde verweht wurde. Eine Ausweitung der Begriffe im Wege der Analogie ist strafrechtlich nicht erlaubt, da eine Tat nur bestraft werden kann, wenn die Strafbarkeit gesetzlich bestimmt war, bevor die Tat begangen wurde (§ 1 StGB). Die Bildung von Analogien würde dagegen zu unzulässigen Unbestimmtheiten führen.

Theoretisch könnte zwar noch die gezielte Freisetzung männlichen Samens in die Luft mit dem angestrebten Erfolg der Schwän-

---

61. BGH NJW 1986, 1053.

gerung einer bestimmten Zielperson als Körperverletzung im Sinne des § 223 StGB zu werten sein. Eine Körperverletzung muß aber schon deshalb verneint werden, da Maria in die Bestäubung einwilligte. Genau in dem Moment, als sie die Worte

Mir geschehe (Lukas Kapitel 1, Vers 38)

sprach, „nahm Gottes eingeborener Sohn in ihrem Schoße Fleisch an und wurde Mensch."[62] Zum Zeitpunkt der Befruchtung war sie also einverstanden, so daß von einer rechtswirksamen Einwilligung auszugehen wäre.

c) Stellungnahme zum Theorienstreit und Ergebnis

Die Zwei-Zentimeter-Theorie ist im Ergebnis nicht haltbar. Dagegen spricht zuvorderst die Berufung der Päpste der letzten Jahrhunderte auf die unbefleckte Empfängnis. Da die Statthalter Gottes auf Erden bekanntermaßen unfehlbar sind, konnten wir uns im Gedenken des Schicksals Salman Rushdies nicht dazu durchringen, die Jungfräulichkeit anzuzweifeln. Und können es auch keinem andern raten!

Des weiteren ist hier auf den allgemeinen strafrechtlichen Grundsatz *im Zweifel für den Angeklagten* zu verweisen: der Heilige Geist steht strafrechtlich allemal besser da, wenn er nicht mit Maria geschlechtlich verkehrt hat.

Wir können im Ergebnis also festhalten, daß aus rechtlichen wie religiösen Gründen die Luftbestäubungstheorie vorzugswürdig ist. Mit dieser ist ein strafrechtlich relevantes Verhalten des Heiligen Geistes nicht feststellbar.

---

62. Gottes Wort und unsere Antwort. Handbuch für den Bibelunterricht, Bd II, S. 26.

2. Zivilrechtliche Aspekte der Befruchtung Marias

Anders als im Strafrecht, in dem der Grundsatz *im Zweifel für den Angeklagten* gilt, dürfen im Zivilrecht solche Zweifel nicht stehen bleiben. Im Zivilrecht geht es schließlich nicht darum, eine Person zu bestrafen oder freizusprechen, sondern die privaten Rechtsverhältnisse sind zu klären und zu entscheiden. Bemerkenswerterweise sind juristisch fundierte Abhandlungen über das Recht der Luftbestäubung bislang nicht verfaßt. Die Klärung der neutestamentarischen Rechtsverhältnisse ist ohne eine nachzueifernde juristische Meinung nicht ganz einfach. Solche Situation nutzt der Rechtbeschlagene, um im Wege einer Analogie das Recht zu finden. Im wahrsten Sinne des Wortes fruchtbar könnte vorliegend sein, das Augenmerk weg von der Flora auf moderne Fortpflanzungstechniken zu richten. Seit einigen Jahrzehnten beschäftigen sich Juristen mit Vorgängen der künstlichen Befruchtung, der Insemination, die der Methode der Luftbestäubung nicht unerheblich ähnelt.

Und so liegt der Fall hier. Die Zeugung des Christkindes ist der erste nachgewiesene Vorgang einer nicht-einverständlichen heterologen Insemination. Unter Insemination wird jede außergeschlechtliche Befruchtung der Eizelle mit dem Mannessamen verstanden.[63] Denkbar wäre sicher auch eine Befruchtung vermittels eines heiligen und geistvollen „Mikro-Pipetten-Penis" – doch man darf getrost davon ausgehen, daß diese Raffinesse von den Zeugen Matthäus und Lukas sicher erwähnt worden wäre. Im übrigen würde wegen der anatomischen Besonderheit von einer Geschlechtlichkeit immer noch nicht ausgegangen werden – käme man ansonsten doch wieder zu einer Strafbarkeit des Heiligen Geistes.

Weiter ist zu differenzieren danach, ob es sich um eine homologe oder heterologe Insemination handelt. Homolog meint, daß der Samen vom Ehemann der Frau stammt, hier also von seiten des Herrn Joseph. Das ist ganz sicher nicht der Fall:

---

63. Palandt/*Diederichsen* § 1591 Rdnr. 7.

Als Maria (...) dem Joseph vertrauet war, erfand sich's, ehe er sie heimholte, daß sie schwanger war vom Heiligen Geist. (Matthäus Kapitel 1 Vers 18)

Vielmehr handelt es sich um eine heterologe Insemination, da der Samen dem Heiligen Geist entstammte. Weil Herr Joseph schließlich keine Einwilligung – gemäß § 183 BGB also die *vorherige* Zustimmung – äußerte, muß von einer nicht-einverständlichen Befruchtung ausgegangen werden, wofür nicht zuletzt spricht, daß Joseph

gedachte (...), sie heimlich zu verlassen. (Matthäus Kapitel 1 Vers 19)

Eine an die christlichen Kirchen gerichtete Randbemerkung können wir uns an dieser Stelle nicht ersparen: Wir halten es für höchst bedenklich, die Zeugungsmethode unseres Heilandes heute zu verwerfen und verunglimpfen. Es ist doch zutiefst widersprüchlich, einerseits Werden, Leben und Sterben Jesu jeden Sonntag neuerlich zu glorifizieren, andererseits jedoch – wie die evangelische Theologie – die heterologe Insemination als „Einbruch in die Ehe und ... Verletzung der Ausschließlichkeit ehelicher Beziehung grundsätzlich" abzulehnen.[64] Oder noch schlimmer – wie nach einhelliger römisch-katholischer Moraltheologie – die heterologe Insemination als vollends unmoralisch zu verdammen.[65] War die Zeugung des Christkindes unmoralisch und unchristlich?

a) Wirksamkeit der Eheschließung von Maria und Joseph

Die von Maria und Joseph mit der Heimholung, also der Aufnahme

---

64. *Kommission der EKD*, Denkschrift zu Fragen der Sexualethik, 1971; zusammenfassend: *Giesen*, Die künstliche Insemination als ethisches und rechtliches Problem, 68 ff.

65. Z.B. *Papst Pius XII*, AAS XX XXI/XVI, 557-561; ders. AAS L/XXV, 733; *Johannes XXIII*, Herderkorrespondenz 15 (1960), 27 f.; – zusammenfassend wiederum *Giesen*, ebenda, 81 ff.

in das Haus des Joseph, geschlossenen Ehe ist trotz der Minderjährigkeit der Maria gültig. Dies mag den Laien zunächst erstaunen – war doch Maria nach gesicherter Erkenntnis nur 12 Jahre oder wenig älter.[66] Zuzugeben ist, daß die minderjährige Mutter des kleinen Religionsstifters nach § 3 EheG hierzu zwar der Einwilligung der gesetzlichen Vertreter bedurfte – die indessen offenbar nicht vorliegt. Dennoch ist die Ehe wirksam. Sie hätte lediglich gemäß § 30 EheG[67] durch rechtsgestaltendes Urteil (§ 29 EheG) aufgehoben werden können. Dazu ist es nicht gekommen. Da Maria auch Jahre später mit Joseph zusammenlebte und noch mehrere Kinder zur Welt brachte,[68] verdeutlicht sie hierdurch, daß sie die Ehe trotz des Zustimmungsmangels fortsetzen wollte, so daß gemäß § 30 Abs. 2 EheG die Aufhebung zwischenzeitlich ausgeschlossen ist.

b) Ehelichkeit des Christkindes nach § 1591 BGB

Nach einer verbreiteten, wenn nicht gar allgemeinen Laienmeinung ist unser kleiner Glaubensstifter ein uneheliches Kind, da er nicht von Joseph, sondern vom Heiligen Geist gezeugt wurde.[69] Daran ist zweifellos richtig, das genetisch an dieser Feststellung kein Zweifel bestehen kann. Im natürlichen Sinne kann nun einmal nur der Vater werden, der auch den entsprechenden der Erzeugung dienenden Samen spendet.[70]

Die Juristen geben sich mit derart profanen naturwissenschaftlichen Erkenntnissen – oder wir können auch sagen, laienhaften Allgemeinwissen – nicht zufrieden. Vielmehr wird von ausgewiesenen Kennern der Materie sowie vom Bundesgerichtshof die Auffassung

---

66. Siehe hierzu ausführlich unter III.1a)aa) mit den dort genannten Nachweisen.

67. *Ein Ehegatte kann Aufhebung der Ehe verlangen, wenn er zur Zeit der Eheschließung (...) in der Geschäftsfähigkeit beschränkt war und sein gesetzlicher Vertreter nicht die Einwilligung zur Eheschließung erteilt hat (...).*

68. *Markus*, Kapitel 6, Vers 3; *Matthäus*, Kapitel 13, Vers 55 f.

69. Siehe beispielsweise *Hermann*, Jesus mein Retter!, Wilhelmshaven 1957, 134; so wohl auch: *Grundmann*, Theologischer Handkommentar, 69.

70. *Harder*, Wer sind Vater und Mutter?, JuS 1986, 505-512.

vertreten, daß auch bei einer nicht-einverständlichen heterologen Insemination einer verheirateten Frau das Kind zunächst als ehelich anzusehen ist.[71]

Nun, wie könnte es anders sein: Die Juristen sprechen Recht und haben es auch. Dies ergibt sich nämlich aus dem wohlverstandenen Interesse des (Christ-)Kindes. Bei der künstlichen Befruchtung ist es oft schwierig, den Erzeuger, sprich Samenspender, festzustellen, da dieser in aller Regel höchsten Wert auf Anonymität legt.[72] Bei der Erzeugung durch den Heiligen Geist ist die Adressenlage zwar anders, aber ähnlich diffus, da dessen irdische Anschrift unbekannt ist und kaum zu erhalten sein wird. Somit wäre die Gefahr groß, daß das Christkind ohne Vater und den dazugehörigen Unterhaltsverpflichtungen dasteht, wenn man den heterolog gezeugten Heiland mit dem – faktisch immer noch bestehenden – Makel der Unehelichkeit versehen würde. Andererseits ist nicht einzusehen, warum das Kind nicht als ehelich behandelt werden soll, wenn sich weder Joseph noch Jesus gegen die Ehelichkeit wenden.

Sowohl Joseph als auch Jesus konnten gegebenenfalls die Ehelichkeit anfechten. Joseph nach § 1594 BGB und Jesus nach § 1600i BGB. Jeweils konnte von dem Recht zur Anfechtung zwei Jahre nach Kenntnis der Umstände, die für die Nichtehelichkeit sprechen, Gebrauch gemacht werden.

---

71. *BGHZ* 87, 169, 171; *Kleinicke*, Das Recht der Kenntnis der eigenen Abstammung, 290 ff.; *Herzog*, Die heterologe Insemination in verfassungsrechtlicher Sicht; *Giesen*, Heterologe Insemination – Ein neues legislatorisches Problem?, FamRZ 1981, 413, 416; Soergel/*Gaul*, BGB; § 1591 Rdnr. 33; MünchKomm/*Mutschler*, BGB, § 1591 Rdnr. 48a; Palandt/*Diederichsen*, BGB, § 1591 Rdnr. 8.

72. Sagt der Arzt dem Samenspender allerdings Anonymität zu, ist dieses Versprechen – auch wenn der Spender nur unter dieser Bedingung zur Spende bereit war – unwirksam; allgemeine Meinung, siehe nur *Herzog* a.a.O. Kann oder will der Arzt keine Auskunft über den Samenspender geben, macht er sich selbst schadenersatzpflichtig; siehe *Mansees*, Jeder Mensch hat ein Recht auf Kenntnis seiner genetischen Herkunft, NJW 1988, 2984.

Also: SAMENSPENDER AUFGEPASST!! Du kannst nach der Meinung fast aller Juristen nicht nur tatsächlich, sondern auch rechtlich Vater tausender kleiner Sprößlinge werden, die allesamt Unterhalts- und erbrechtliche Ansprüche gegen dich geltend machen können. Vertraue in keinem Fall irgendeiner Zusage deines Arztes (siehe zusammenfassend *Mansees* a.a.O.).

Joseph war schon vor der Geburt des Gottessohnes zur Kenntnis gelangt, daß nicht er, sondern der Heilige Geist Spender des segensreichen Samens war. Die Ehelichkeit hat der gutmütige, vielleicht etwas einfältige Zimmermann trotzdem nicht innerhalb der Zwei-Jahres-Frist angefochten.[73] Ebenso hat der junge Jesus von seinem Anfechtungsrecht keinen Gebrauch gemacht, obwohl er von der Vaterschaft des Allmächtigen wußte:

Ich bin Gottes Sohn (Matthäus Kapitel 27, Vers 43 und passim)

Damit hat auch Jesus nicht wirksam angefochten. Er ist und bleibt ehelich.

Zu guter Letzt wird sich der Christ dieser Tage nun fragen: Kann denn der Allmächtige auch anfechten und im Wege der Klage seine Vaterschaft feststellen lassen? Nein – er kann es nicht. Dem Heiligen Geist steht kein Anfechtungsrecht zu, da ein solches gesetzlich nicht vorgesehen ist. Der Schutz der Institution Ehe ist dem BGB eben heiliger als der Geist. So mag das Christkind noch so sehr sein Sohnemann sein – ein Recht auf den Krippengeborenen hat er nicht. Ja – ihm steht nicht mal ein Umgangsrecht mit dem Christkind zu. Ein solches kann nur dem genetischen Vater eines nichtehelichen Kindes zugesprochen werden.[74]

Im Ergebnis ist Jesus mithin ein eheliches Kind;[75] rechtlich ist sein Vater Joseph. Unterhaltsansprüche hat das Christkind daher

---

73. Das Recht die Ehelichkeit anzufechten hätte Joseph innerhalb der Zwei-Jahresfrist sogar gehabt, wenn er mit der künstlichen Befruchtung Marias von vornherein einverstanden gewesen wäre – so jedenfalls die ganz herrschende juristische Meinung: siehe nur *BGHZ 87*, 169. Wie heißt es doch: Das Leid der Erde liegt auf dem Rücken der Frauen.

74. *LG München* NJW 1988, 2385.

75. Auch nach dem geltenden katholischen Kirchenrecht wird man übrigens zur Ehelichkeit des Christkindes kommen. Im Codex Iuris Canonici in der Fassung von 1983 Auctoritate Ionnis Pauli PP. II heißt es unter Can. 1137: Legitimi sunt filii concepti aut nati es matrimonio valido vel putativo.

Für die mit dem kanonischen Recht und der lateinischen Sprache nicht so Vertrauten: „Ehelich sind die in einer gültigen Ehe oder in einer Putativehe empfangenen oder geborenen Kinder". – Glück für die päpstliche Lehre: sonst hätte womöglich noch die Unehelichkeit eines Kindes zum heiligen Gebot erklärt werden müssen.

gegen Maria und Joseph zu richten (§§ 1601 ff. BGB). Durch diese wird gemäß §§ 1626 ff. BGB auch die elterliche Sorge auszuüben sein. Schließlich ist Jesus gesetzlicher Erbe im Falle des Todes seines Vaters, Joseph. Der Heilige Geist ist familienrechtlich ein Nullum, er existiert de jure nicht.

Wir können schlußendlich nicht umhin, an dieser Stelle noch zu bemerken, daß der Glaubensstifter offenbar schlecht oder gar nicht anwaltlich beraten war. Das Christkind hätte seinerzeit gut daran getan, unter finanziellen Aspekten darüber nachzudenken, ob er nicht die Ehelichkeit anfechten und die Vaterschaft des Heiligen Geistes durch gerichtliche Feststellung nach § 1600a BGB hätte herbeiführen sollen. Denn vom Weltenschöpfer wäre sicherlich mehr Unterhalt und Erbmasse zu erwarten gewesen, als von dem mittellosen, herumvagabundierenden Zimmermann, der für die Geburt seines rechtlichen Abkömmlings gerade mal eine im Stall gelegene Krippe[76] organisieren und bezahlen konnte.

---

76. Siehe zur Vielfalt: Weihnachtskrippen. Illustrierter Führer durch die Krippenabteilung des Bayerischen Nationalmuseums.

c) Schadenersatzansprüche der Maria wegen Schwängerung durch den Heiligen Geist

Die Besamung der jungfräulichen Maria durch den Heiligen Geist gibt uns Anlaß, die interessierten Leserinnen auf zwei bemerkenswerte Tatbestände des Bürgerlichen Gesetzbuches aufmerksam zu machen, die hier erfüllt sein könnten: §§ 825 und 1300 BGB gewähren jeweils Schadenersatzansprüche für Sexualverkehr. Der unübertroffene Wortlaut:

> *§ 1300 BGB (der sogenannte Kranzgeld-Anspruch[77]):* Hat eine unbescholtene Verlobte ihrem Verlobten die Beiwohnung gestattet, so kann sie, (...) auch wegen des Schadens, der nicht Vermögensschaden ist, eine billige Entschädigung in Geld verlangen.

> *§ 825 BGB:* Wer eine Frauensperson durch Hinterlist, durch Drohung oder unter Mißbrauch eines Abhängigkeitsverhältnisses zur Gestattung der außerehelichen Beiwohnung bestimmt, ist ihr zum Ersatz des daraus entstehenden Schadens verpflichtet.

aa) § 1300 BGB

Für § 1300 BGB ist unumstritten Voraussetzung, daß eine Beiwohnung stattgefunden hat. Auch hier verläßt der Jurist sich weniger auf die emotionalen Eingebungen der Christen, sondern präzisiert den Begriff in voller Schärfe: „Erforderlich und genügend ist das wenn auch nur unvollständige Eindringen des Gliedes in den sog. Scheidenvorhof. Schenkelverkehr ist nicht ausreichend."[78]

Wie schon festgestellt, muß zivilrechtlich davon ausgegangen werden, daß wir es gerade nicht mit einer solchen Befruchtung durch den Heiligen Geist zu tun haben, sondern vielmehr eine künstliche Insemination in Art einer Luftbestäubung stattgefunden

---

77. *Moser*, Jungfernkranz und Strohkranz, in: FS *Kramer*, S. 140 f. Es bestehen allerdings durchgreifende Bedenken an der Verfassungsmäßigkeit des § 1300 (siehe jüngst AG Münster, Urt. v. 8.12.92 – 50 C 628/92).
78. RGRK/*Roth-Stielow*, BGB, § 1300 Rdnr. 4.

hat. Deshalb kann nach dem Wortlaut der § 1300 BGB schon mangels Geschlechtsverkehr im engeren Sinne kein Schadenersatz gewährt werden.

Maria steht kein Geldersatz als „Kranzgeld" zu.

bb) § 825 BGB

Auch nach § 825 BGB ist grundlegende Voraussetzung, daß – wie es noch heute heißt – eine Frauensperson zur Gestattung der Beiwohnung bestimmt wird. Nun wird jeder denken, keine Beiwohnung also kein Schadenersatz. Falsch gedacht. Anders als im Strafrecht, wo für eine sexuelle Handlung i.S.v. § 174 StGB eine sexuelle Handlung erforderlich ist, können im Zivilrecht Analogien zu Gesetzen gebildet werden, das heißt, auch asexuelle Handlungen können sexuellen Handlungen gleichgestellt werden, wenn dieses sachlich angemessen ist. Nach ganz herrschender Meinung kommt es im Falle einer künstlichen Insemination nicht auf den durchgeführten Geschlechtsverkehr an[79], da der Gesetzgeber von 1896 den Fall der künstlichen Besamung gegen den Willen der Frau offenbar nicht vorausahnte, so daß er ihn nicht mitregelte. Hätte er von den modernen Fortpflanzungstechnologien gewußt, wäre – aller Wahrscheinlichkeit nach – die künstliche Befruchtung wider den Willen der Frau der Beiwohnung gleichgestellt worden.[80]

Handelte der Heilige Geist hinterlistig? Maria müßte dafür gegen oder ohne ihr Einverständnis tückisch inseminiert worden sein. Aus den Worten

Mir geschehe

wird man indessen ihr Einverständnis mit der Befruchtung voraussetzen dürfen. Da der Heilige Geist seine Schwängerungsabsicht vorher kundtat und auch keine berauschenden oder narkotisierenden Getränke verabreichte[81], liegt keine Hinterlist vor.

---

79. Siehe nur *Giesen*, Die künstliche Insemination als ethisches und rechtliches Problem, 202 m.w.N.
80. Giesen, ebenda, 202 f.

Die Befruchtung könnte sich jedoch als *Mißbrauch eines Abhängigkeitsverhältnisses* darstellen. Hierfür muß die Frau – oder wie das Gesetz es sagt : die Frauensperson – wegen der Abhängigkeit in die Insemination eingewilligt haben.[82] An der Abhängigkeit können – wie schon dargestellt[83] – keine Zweifel bestehen, sagt Maria doch:

Siehe, ich bin des Herrn Magd; mir geschehe, wie du gesagt hast. (Lukas Kapitel 1, Vers 38)

Hat die Mutter aber *wegen* des Abhängigkeitsverhältnisses eingewilligt? – Davon ist ebenfalls auszugehen. In ihrer übersteigerten religiösen Hinwendung konnte die gute Frau offenbar nicht mehr zwischen angemessener Ehrfurcht vor dem Verehrten und willenlosem Gehorsam zu unbilligen und undurchdachten Befehlen ihres – wie sie ihn abwechselnd nennt – Heiligen, Höchsten und Herrn differenzieren. Nur so ist zu verstehen, daß ein gerade in der Pubertät befindliches Mädchen ihre Jugend aufgibt, die Steinigung als Strafe der außerehelichen Befruchtung riskiert[84] und schließlich ohne Rücksprache mit ihrem vertrauten und anvertrauten Ehegatten den Entschluß faßt. Und das alles nur, um einen Sohn zur Welt zu bringen, der seine Umgebung schon im frühesten Jugendalter mit pubertärer Aufmüpfigkeit nervt.[85] Ein derart unbesonnenes und naives Verhalten ist schlechterdings nur aus dem Abhängigkeitsverhältnis selbst zu erklären.

Da dem Allmächtigen die Randbedingungen der Liaison nicht

---

81. *Missliwetz*, K.O.-Tropfen in anderem Gewande. Kriminelle Betätigung durch unbemerkte Beibringung von Flunitrazepan, Kriminalistik 1991, 56 ff.

82. Palandt/*Thomas* § 825 Rdnr. 3.

83. Siehe unter III.1.a)aa).

84. *Johannes* Kapitel 8, Vers 3 bis 11; siehe des weiteren unten IV.2.

85. Beispielsweise als der Kleine mit gerade mal 12 Jahren im Tempel die Gespräche der Erwachsenen stört. Maria seinerzeit verbittert: „Mein Sohn, warum hast du uns das getan?" (*Lukas* Kapitel 2, Vers 48).

Vgl. noch *Kucharz*, Mein Kind ist eine Nervensäge – Aufmerksamkeitsstörungen im Kindesalter und ihre Therapie, in: medizin heute, Heft 9/88, S. 37 ff.

verborgen geblieben sein können, hat er die zu ihm bestehende auch in widerrechtlicher Weise mißbraucht. Er hat Maria also Schadenersatz nach § 825 BGB zu leisten, der unter anderem in folgendem besteht: In den Entbindungskosten,[86] dem Ersatz eventuell eingetretenen Gesundheitsschadens der Maria sowie insbesondere dem Ersatz der Unterhaltskosten, zu denen wiederum Maria Jesus gegenüber verpflichtet ist.

d) Schadenersatzansprüche des Joseph wegen Schwängerung der Maria durch den Heiligen Geist

Von einem Teil der ehrenwerten Jura-Professoren und einigen sonstigen Rechtsgelehrten[87] wird die Meinung vertreten, daß dem betrogenen Ehegatten gegen den Ehebrecher ein Schadenersatz- und eventuell auch Schmerzensgeldanspruch zustehe. Nach dieser Behauptung dürfte unser Joseph sich Hoffnungen auf einen gewissen Geldbetrag machen können.

Der Auffassung will sich der Bundesgerichtshof nicht anschließen, da es sich um eine rein innereheliche Verfehlung des ungetreuen Ehegatten handele.[88]

Recht haben die Herren – im Ergebnis. Weder gegen die ungetreue Ehepartnerin Maria noch gegen den Beischläfer Heiliger Geist kann der betrogene Zimmermann Joseph mit Erfolg Geldansprüche verfolgen. Dem Joseph mag die ganze Sache übel aufgestoßen sein, wofür wir vollstes Verständnis haben; sicher ist auch, daß die ungefragte Befruchtung seiner Ehefrau nicht der Art eines Kavaliers und besorgten Dritten entspricht. Gleichwohl wir also den Ehebetrug in der Sache selbst nicht billigen wollen, meinen wir,

---

86. Die wegen der Geburt im Stall ohne Hebamme vernachlässigenswert niedrig sein dürften.

87. *Schwab*, Anmerkung [zu BGH NJW 1957, 869 ff.], NJW 1957, 869; *Aden*, Schadenersatz und Schmerzensgeld bei Ehebruch? Überlegungen an Hand des Römisch-Holländischen Rechts Südafrikas, MDR 1978, 536.

88. Ständige Rechtsprechung, siehe nur *BGHZ* 23, 281; 26, 222; 57, 229; *BGH* NJW 1990, 706.

daß die Bestimmung über das eigene Sexualleben auch nach der Heirat jedem selbst obliegt. Mit anderen Worten: Es mag ehrenhaft und harmonisch sein, dem Ehepartner die sexuelle Treue zu halten; eine Rechtspflicht ist darin aber nicht zu ersehen, weshalb auch der Treubruch als solcher keine finanziellen Nachteile auslösen kann. Kosten, die durch den Unterhalt des Kindes entstehen, sind für die Zukunft dadurch zu vermeiden, daß die Ehelichkeit des Kindes fristgerecht angefochten wird.

Ein Schadenersatzanspruch des Joseph gegen Maria oder den Heiligen Geist besteht daher nicht.

IV. Schwangerschaft Marias

1. Verpflichtung von Maria und Joseph zum Familienunterhalt gem. §§ 1360 ff. BGB

Nach § 1360 BGB sind die *Ehegatten einander verpflichtet, durch ihre Arbeit und ihrem Vermögen die Familie angemessen zu unterhalten.* Der kundige Jurist macht hier nicht viel Aufhebens, sondern stellt sachlich knapp und nüchtern fest: Joseph ist der Maria, Maria ist dem Joseph zur Leistung von Familienunterhalt verpflichtet. Die kurze Liaison Marias mit dem Gottvater wird bei der Bemessung des Unterhalts nicht berücksichtigt.

Unser Christkind kann sich dagegen nicht auf § 1360 BGB berufen, sondern ist nach §§ 1601 ff. BGB zur unterhaltsrechtlichen Inanspruchnahme seiner rechtlichen Eltern berechtigt.

2. Versuchte Verletzung der Unterhaltspflicht: § 170b StGB

Joseph aber, ihr Mann, war fromm und wollte sie nicht in Schande bringen, gedachte aber, sie heimlich zu verlassen (Matthäus Kapitel 1, Vers 19)

Zweierlei sagt uns dieser kurze Hinweis: offenbar war Joseph erstens nicht gewillt, Anzeige o.ä. gegen seine Vermählte zu erstatten, sondern zog es zweitens statt dessen vor, sich aus Bethlehem fortzumachen. Nehmen wir zunächst die historische Rechtslage ins Blickfeld, ergibt sich folgendes:

Hätte Joseph Maria „in Schande gebracht", das heißt, ihren Ehebruch öffentlich angezeigt, so wäre es zu einem ordentlichen Gerichtsverfahren gekommen, an dessen Ende mit großer Wahrscheinlichkeit die Steinigung Marias gestanden hätte.[89] Der Tod Marias und damit ihres Kindes wäre die seinerzeit rechtlich legitime Folge ihres Ehebruchs gewesen. Bedenkt man aus heutiger Sicht all das Unglück und die Toten, die im Namen von Marias später geborenem Kind in die Welt getragen worden sind, mag man an der damaligen justizförmigen Bewältigung von Konflikten einen gewissen Gefallen finden. Da Joseph aber augenscheinlich kein Vertrauen in die Justiz hatte, die Dinge lieber selbst in die Hand nehmen und daher Maria heimlich verlassen wollte, haben wir uns noch heute mit den Spätfolgen dieser Entscheidung auseinanderzusetzen.

Im neuzeitlichen Strafrecht stellt sich das Geschehen insgesamt undramatischer dar, wenngleich eine Strafbarkeit der Kindeseltern nicht auszuschließen ist. Im Gegensatz zur Rechtslage im Jahre Null wendet sich ein eventueller Vorwurf aber nicht gegen die Mutter, sondern wenn überhaupt ist der Gemahl Joseph strafrechtlich zu belangen, weil er sich fortmachen wollte.

§ 170b StGB bedroht nämlich denjenigen mit einer *Freiheitsstrafe bis zu drei Jahren oder mit Geldstrafe, der sich einer gesetzlichen Unterhaltpflicht entzieht, so daß der Lebensbedarf des Unterhaltsberechtigten gefährdet ist oder ohne die Hilfe anderer gefährdet wäre.*

Joseph ist gesetzlich sowohl zum Unterhalt für Maria als seiner

---

89. Vgl. *Johannes* 8, 3-11; siehe auch *Crusen*, Moderne Gedanken im Chinesen-Strafrecht des Kiautschougebietes, 136 ff.

Ehegattin (§§ 1360 ff. BGB), als auch für das neugeborene, nicht von ihm gezeugte Kind verpflichtet[90], da er eine Anfechtung gem. §§ 1593 BGB unterlassen hat.[91] Diesen Pflichten wollte Joseph sich dadurch entziehen, daß er Maria und das Kind heimlich verläßt. Bis hierhin kann kein Zweifel daran bestehen, daß eine entsprechende Umsetzung der Tat in die Tat strafrechtlich zu ahnden wäre.

Zum Glück unseres Herrn Joseph hat dieser letztlich von dem Unterfangen Abstand genommen, weil er wohl einsah, daß er für Maria und für das nicht von ihm gezeugte Kind aufkommen mußte. Zu einer Vollendung ist es also nicht gekommen. Der Versuch der Verletzung der Unterhaltspflicht ist nicht strafbar, da die Verletzung juristisch gesprochen kein Verbrechen, sondern ein Vergehen ist.[92] Joseph geht also straflos aus.

3. Personenstandsfälschung: § 169 StGB

Der Zeuge Matthäus berichtet uns noch folgendes:

Da nun Joseph vom Schlaf erwachte, tat er, wie ihm des Herrn Engel befohlen hatte, und nahm sein Gemahl zu sich. Und er berührte sie nicht, bis sie einen Sohn gebar; und hieß seinen Namen Jesus. (Matthäus Kapitel 1, Vers 24-25)

Hiermit erweckte Joseph zumindest für Außenstehende den Eindruck, als sei Jesus ein von ihm gezeugtes Kind. Diese Täuschung könnte eine Personenstandsfälschung bedeuten.

Nach § 169 StGB begeht eine Personenstandsfälschung, *wer ein Kind unterschiebt oder den Personenstand eines anderen gegenüber*

---

90. Vgl. *Kunz*, Ist die Strafbewehrung der Unterhaltspflicht auch auf Ausländer anwendbar?, NJW 1977, 2004.

91. Vgl. BGHSt 12, 166.

92. § 12 Abs. 1 StGB: Verbrechen sind rechtswidrige Taten, die im Mindestmaß mit Freiheitsstrafe von einem Jahr oder darüber bedroht sind.

§ 23 Abs. 1 StGB: Der Versuch eines Verbrechens ist stets strafbar, der Versuch eines Vergehens nur dann, wenn das Gesetz es ausdrücklich bestimmt.

einer zur Führung von Personenstandsbüchern oder zur Feststellung des Personenstandes zuständigen Behörde falsch angibt oder unterdrückt.

Personenstand ist das familienrechtliche Verhältnis einer lebenden oder verstorbenen Person zu einer anderen in allen seinen Beziehungen.[93] Deshalb ist auch die durch Anerkennung der Ehelichkeit begründete Rechtswirkung als Personenstand i.S. des § 169 StGB anzusehen.[94] Wie schon gesehen, ist familienrechtlich Jesus ein eheliches Kind. Joseph hat also rechtlich gesehen überhaupt keine Täuschung begangen, als er keine Einwände gegen die Ehelichkeit hervorbrachte.[95]

Hingegen dürfte Maria nicht ganz ungeschoren davonkommen, da sie offenbar nicht innerhalb einer Woche bei dem zuständigen Standesbeamten die Geburt des kleinen Heilsbringers anzeigte. Damit hat sie gemäß § 68 i.V.m. §§ 16, 17 Personenstandsgesetz eine Ordnungswidrigkeit begangen.

4. Das Recht der Maria auf eheliche Beiwohnung gemäß § 1353 Abs. 1 Satz 2 BGB

Der Zeuge Matthäus teilt uns mit, daß Joseph seine Gemahlin Maria bis zur Geburt des Christkindes nicht berührte:

Und er berührte sie nicht, bis sie einen Sohn gebar (Matthäus Kapitel 1, Vers 25)

Der juristische Laie wird eine sexuelle Teilnahmslosigkeit dieser Art hinnehmen, möglicherweise bedauern oder begrüßen, jedenfalls nicht weiter hinterfragen. Rechtswissenschaftler und Rechtsprechende hingegen befassen sich seit längerem unter zwei Gesichtspunkten mit der ehelichen Enthaltsamkeit.

---

93. Vgl. RGSt 25, 189.
94. Vgl. Schönke-Schröder/*Lenckner* §169 Rdnr. 2.
95. Vgl. *Frank*, Die wissentlich falsche Vaterschaftsfeststellung aus zivil- und strafrechtlicher Sicht, ZBlJugR 1972, 260.

Erstens stellt sich die Frage, ob eine Rechtspflicht zum Geschlechtsverkehr besteht oder mit juristischen Worten: ob die Gestattung der Beiwohnung von Maria verlangt werden kann. Von prominenten Juristen bis hin zum Bundesgerichtshof wird noch heute vertreten, daß eine Rechtspflicht zum ehelichen Verkehr besteht.[96] Die Verweigerung des Geschlechtsverkehres sei nur zulässig, wo besondere Gründe es rechtfertigten, etwa bei Verlangen nach anomalen Verkehr.[97] Ja es geht soweit, daß Herr Hübner, seines Zeichens emeritierter ordentlicher Kölner Universitätsprofessor, bei seiner Kommentierung des juristischen Großkommentars „Staudinger" behauptet, *jeder Ehegatte ist verpflichtet, sich in ärztliche Behandlung zu begeben und sich einem ungefährlichen operativen Eingriff zu unterziehen, um Hindernisse, die der Ausübung des ehelichen Verkehres entgegenstehen, zu beseitigen. Dies gilt auch dann, wenn etwa die Ehefrau zur Vollziehung des „anormalen" Geschlechtsverkehres bereit ist, sich aber weigert, „den Geschlechtsverkehr richtig zu vollziehen" und zu diesem Zweck eine Operation auf sich zu nehmen."* Dieses – an Lebensfremdheit kaum zu überbietende – Zitat stammt nicht aus dem 19. Jahrhundert, sondern ist der zur Zeit aktuellen Kommentierung des § 1353 im Großkommentar Staudinger des Jahrganges 1975 zu entnehmen.[98]

Damit nicht genug. Die Herren am Bundesgerichtshof hatten 1967 zuletzt über die Frage zu entscheiden.[99] Auch sie nahmen an, daß jeder Ehepartner – gemeint sind und waren stets nur Frauen – verpflichtet ist, geschlechtlich mit dem anderen zu verkehren. Darüber hinaus – so im O-Ton die Herren Bundesrichter: *„Die Frau*

---

96. Staudinger/*Hübner*, § 1353 Rdnr. 12 f.; *RG* Recht 1908 Nr. 3429 und Nr. 3420; RG Warneyer 1912 Nr. 262; *RGZ* 97, 287; Soergel/*Lange*, § 1353 Rdnr. 10; Palandt/*Diederichsen* § 1353 Rdnr. 5; Erman/*Heckelmann*, § 1353 Rdnr. 5; *BGH* FamRZ 1967, 210.
97. Staudinger/*Hübner* § 1353, Rdnr. 12; RG Recht 1907 Nr. 2567.
98. Bemerkenswert schon die optische Gestaltung: Der Staudinger ist bis Ende der 70er Jahre in altdeutscher Schrift gedruckt worden!
99. NJW 1967, 1078 ff.

genügt ihren ehelichen Pflichten nicht schon damit, daß sie die Beiwohnung teilnahmslos geschehen läßt. Wenn es ihr infolge ihrer Veranlagung oder aus andern Gründen, zu denen die Unwissenheit der Eheleute gehören kann, versagt bleibt, im ehelichen Verkehr Befriedigung zu finden, so fordert die Ehe von ihr doch eine Gewährung in ehelicher Zuneigung und Opferbereitschaft und verbietet es, Gleichgültigkeit oder Widerwillen zur Schau zu tragen. Denn erfahrungsgemäß vermag sich der Partner, der im ehelichen Verkehr seine natürliche und legitime Befriedigung sucht, auf Dauer kaum jemals mit der bloßen Triebstillung zu begnügen, ohne davon berührt zu werden, was der andere dabei empfindet." Und so weiter und so fort.

Offenbar schwebte den Herren Bundesrichtern das Gedicht „Am Barren" von Joachim Ringelnatz[100] vor – das sie wohl nicht ganz verstanden haben. Darin heißt es unter anderem:

Deutsche Frau, nun laß dich wieder
Ellengriffs im Schwimmhang nieder.
So, nun Hackenschluß!! Und schwinge!
Schwinge! Hurtig rum den Leib!
Oh, es gibt noch wundervolle
Dinge. Rolle vorwärts! Rolle!
Rolle Rückwärts, deutsches Weib!

Zurück zur Diskussion. Der herrschenden (sic!) Meinung kann nicht gefolgt werden. Dem Staat kommt auch in seiner dritten Gewalt, den Gerichten, nicht das Recht zu, Eheleuten und nichtverheirateten hetero- oder homosexuellen Paaren Vorschriften für ihren Intimbereich zu machen. Ganz offenbar ist das Verlangen der betagten Richter, auch im Schlafzimmer Recht zu sprechen, weniger durch Voyeurismus gekennzeichnet,[101] als durch anachronistische,

---

100. *Ringelnatz*, Ringelnatz – in kleiner Auswahl als Taschenbuch, 19. Aufl., Berlin 1982, 11.
101. Neuerlich zur Impotenz im Alter: *N.N.*, „Schwups – schon steht er", Spiegel 11/1993, 264 ff.

reaktionäre und zutiefst frauenfeindliche Anschauungen. Schließlich scheint uns, daß die herrschende Auffassung teilweise sogar hinter den Standard des Allgemeinen Landrecht für die Preußischen Staaten von 1794 (ALR) zurückfällt. Dort war in §§ 178-180 wenigstens noch bestimmt:

§ 178 ALR: Eheleute dürfen einander die eheliche Pflicht anhaltend nicht versagen.

§ 179 ALR: Wenn deren Leistung der Gesundheit des einen oder des anderen Ehegatten nachtheilig seyn würde, kann sie nicht gefordert werden.

§ 180 ALR: Auch säugende Ehefrauen verweigern die Beywohnung mit Recht.

Die „h.M."[102] sollte ihre Postulate in dieser Frage dringend überprüfen. Eine Pflicht zum Sexualverkehr kommt unseres Erachtens im aufgeklärten ausgehenden 20. Jahrhundert nahezu einer Aufforderung zur Vergewaltigung gleich, wobei natürlich einzuschränken ist, daß eine Vergewaltigung in der Ehe nach dem Wortlaut des § 177 Strafgesetzbuch keine Vergewaltigung, sondern lediglich eine Körperverletzung ist. Aber das ist eine andere schlimme Geschichte. Entschärft wird die Ungeheuerlichkeit der Rechtspflicht zum Geschlechtsverkehr nur insoweit, als allgemein angenommen wird, daß die Pflicht weder vollstreckbar – also beispielsweise mit Hilfestellung des Gerichtsvollziehers vollziehbar ist – noch zwangsweise durchsetzbar ist, also kein Zwangsgeld und keine Zwangshaft zu verhängen ist.

Mit der vorherigen Erörterung ist die zweite Frage mitbeantwortet, ob nämlich eine Vereinbarung über eine Enthaltsamkeit der Partner zueinander wirksam ist. Teilweise werden die Erörterun-

---

102. Zum Entstehen einer herrschenden Meinung kritisch und sehr lesenwert *Wesel*, hM, Kursbuch Nr. 61 (1979), 88-109.

gen hierzu mit dem Begriff der „Josephsehe" auf eben jene Bibelstelle zurückgeführt.[103]

Selbstverständlich sind Vereinbarungen über eine dauernde oder vorübergehende sexuelle Enthaltsamkeit uneingeschränkt zulässig. Eine solche Abrede kann natürlich durch eine ausdrückliche neue Vereinbarung oder auch durch übereinstimmendes schlüssiges Verhalten aufgehoben werden. Auch insoweit ist der – im engeren Sinne der Bedeutung – perversen herrschenden Meinung[104] nicht zuzustimmen, daß eine Übereinkunft der Enthaltsamkeit widerrechtlich sei.

Vorliegend wird demnach der Entschluß Josephs, Maria jedenfalls bis zur Geburt des Jesukindes nicht berühren zu wollen, unangreifbar sein. Beiden Ehepartnern steht das Recht zu, allein oder auch einverständlich über Umfang und Ausmaß der sexuellen Beziehung zu bestimmen.

V. Die Volkszählung des Augustus im Lichte der Rechtsprechung des Bundesverfassungsgerichtes

Es begab sich aber zu der Zeit, daß ein Gebot von dem Kaiser Augustus ausging, daß alle Welt geschätzt würde. Und diese Schätzung war die allererste und geschah zur Zeit, da Cyrenius Landpfleger in Syrien war. Und jedermann ging, daß er sich schätzen ließe, ein jeglicher in seine Stadt. (Lukas Kapitel 2, Vers 1-3)

So berichtet uns der Zeuge Lukas in seinen schriftlichen Aufzeichnungen.

Viel mehr wissen wir nicht von der Volkszählung des Augustus.[105] Auch die Zwecke der Volkszählung sind nicht wider-

---

103. Vgl. MünchKomm/*Wacke* § 1353 Rdnr. 30; *OLG Hamburg* HansGZ 1915, Beiblatt 142.
104. Siehe zur Abschreckung nur: *OLG Hamburg* HansGZ 1915, Beibl. 142.

spruchsfrei mitgeteilt, wobei indessen davon auszugehen ist, daß es letztlich um die Sicherung der Herrschaft durch erhöhte Kontrolle über die zu Zählenden ging.[106] Augustus ersuchte offenbar um keinen Rechtsrat, ja er forderte wohl nicht einmal das Wohlwollen der ihm überstellten Götter durch ein Gebet oder Opfer ein.

Während über Augustus als Souverän seinerzeit nur die Götter standen, würde er heutzutage wie auch die Bundesregierung und ihre Tätigkeiten der Kontrolle durch das Bundesverfassungsgericht unterliegen. Letzteres bringt auch Nachteile mit sich. Während Politiker vom Schlage eines Augustus – gegebenenfalls nach kurzer Anhörung der Götter – Entscheidungen zu treffen und die daraus resultierenden Konsequenzen zu tragen wußten, finden sich in heutiger Zeit Politiker seltener auf Regierungs- oder Oppositionsbänken, denn in der Rolle der Kläger und Beklagten vor dem Bundesverfassungsgericht.

Nun ist das Glorifizieren von und das Sinnieren über antike Zustände der heutigen Rechtsfindung nur sehr bedingt förderlich. Ob es einem nun besonders paßt oder nicht, mit dem Bundesverfassungsgericht haben wir neben Gott und seinem Sohne eine dritte metaphysische Instanz[107], die niemandem unterworfen ist.

Wie wird nun diese höchste juristische (und inzwischen auch politische) Instanz die Volkszählung des Augustus bewerten? Wiederholt mußte sich das Bundesverfassungsgericht mit den verfassungsrechtlichen Fragen von Volkszählung und Mikrozensus befassen. Die wohl bekannteste Entscheidung zu diesem Themenkomplex findet sich auf den Seiten 1 ff. des 65. Bandes der Bundesverfassungsgerichtsentscheidungen.[108] Hier mußte das

---

105. Erhellend: Flohr, Der census zur zeit Christi, BB 1993, 657.

106. Die Volkszählungen der Damen und Herren der Bundsregierungen der Jahre 1983 und 1987 verfolgten wohl auch nicht nur rein statistische Zwecke; vgl. die Beiträge in: *Gössner* (Hrsg.), Restrisiko Mensch. Volkserfassung, Staatsterrorgesetze, Widerstandsbekämpfung.

107. Vergleiche zur neuen Dreieinigkeit schon *Meier/Gieschen*, Strafakte Faust, 57.

108. vgl. zu den sich aus diesem Urteil ergebenden Schlußfolgerungen für spätere Volkszählungen: *Rottmann*, Volkszählung 1987 – wieder verfassungswidrig?, KJ 1987, 77 ff.

Gericht sich mit der für 1983 geplanten Volkszählung beschäftigen. In dieser Entscheidung entwickelten die Richter wesentlich das bereits früher skizzierte Recht des Bürgers auf informationelle Selbstbestimmung weiter, das aus dem allgemeinen Persönlichkeitsrecht des Artikel 2 Abs. 1 i.V.m. Artikel 1 Abs. 1 Grundgesetz folgt.

Dieses Recht umfasse „auch die aus dem Gedanken der Selbstbestimmung folgende Befugnis des Einzelnen, grundsätzlich selbst zu entscheiden, wann und innerhalb welcher Grenzen persönliche Lebenssachverhalte offenbart werden".[109] Und auf Seite 49 der Entscheidung führt das Gericht aus: „Zur Sicherung des Rechts auf informationelle Selbstbestimmung bedarf es ferner besonderer Vorkehrungen für Durchführung und Organisation der Datenerhebung und -verarbeitung, da die Informationen während der Phase der Erhebung – zum Teil auch während der Speicherung – noch individualisierbar sind". Wenig später: „Erst die vom Recht auf informationelle Selbstbestimmung geforderte und gesetzlich abzusichernde Abschottung der Statistik durch Anonymisierung der Daten und deren Geheimhaltung, soweit sie zeitlich begrenzt noch einen Personenbezug aufweisen, öffnet den Zugang der staatlichen Organe zu den für die Planungsaufgaben erforderlichen Informationen."[110]

An diesen Standards wird sich auch Augustus Zensus messen lassen müssen, soll er im 20. Jahrhundert noch glaubwürdig und bestandskräftig sein. Unser Wissen über diese Volkszählung ist allerdings gering. Doch schon das wenige genügt, daß sie dem antiken Kaiser von dem Bundesverfassungsgericht als vollends unzulänglich vorgehalten werden wird. Sogar dem verfassungsrechtlichen Laien wird hier der eklatante Widerspruch zu den gerade skizzierten Ausführungen des höchsten deutschen Gerichts überdeutlich. Keinerlei Vorkehrungen zur Anonymisierung der erhobe-

---

109. *BVerfGE* 65, 1, 42
110. *BVerfGE* 65, 1, 50

nen Daten, ganz im Gegenteil. Jeder mußte persönlich bei der Zählbehörde seines Geburtsortes vorsprechen. Die erhobenen Daten waren ohne weiteres einer bestimmten Person, ja einem bestimmten Gesicht zuzuordnen. Ein klarer Verstoß gegen das Recht auf informationelle Selbstbestimmung.[111]

Die Volkszählung des Augustus ist daher wegen Unvereinbarkeit mit Art. 2 Abs. 1 GG i.V.m. Art. 1 Abs. 1 GG verfassungswidrig.

VI. Geburt des Christkindes

1. Beherbergung im Stall bei Esel und Ochse

Zu den traurigsten Ereignissen der Geburt Jesu zählen schlechter-

---

111. Vgl. *Hauke-Scholz*, Verfassungskonformität der Volkszählung 1987, NJW 1987, 2769, 2772; *Egelage*, Ist das Abschneiden der Heftnummer auf Volkszählungsbögen strafbar? NJW 1987, 2801.

dings die Lokalitäten seiner Niederkunft. Anstelle einer geschmückten, festlichen, mit Glocken und allerlei Tand versehenen, einer dem Messias angemessenen Geburtsstätte müssen wir offenbar machtlos beobachten, wie der Heiland, von Ochsen- und Eselsmist umgeben, in einem ärmlichen und kargen Stall das Licht der Welt erblickt:

Und als sie daselbst waren, kam die Zeit, daß sie gebären sollte. Und sie gebar ihren ersten Sohn und wickelte ihn in Windeln und legte ihn in eine Krippe; denn sie hatten sonst keinen Raum in der Herberge. (Lukas Kapitel 2, Vers 6 und 7)

Dem Nichtfachmann und der Nichtfachfrau mögen hier die Tränen kommen; – doch der Rechtsgelehrte entfaltet ob dieser Umstände erst jetzt das gesamte Repertoire seiner Kunst. Hätte der namentlich unbekannte Gasthauswirt nicht den jungen Eheleuten ein Zimmer – eventuell zu Lasten eines anderen Gastes – anbieten müssen?

Selbstverständlich hätte er! Erfüllt ist der Tatbestand einer vorsätzlichen sittenwidrigen Schädigung nach § 826 BGB:

Wer in einer gegen die guten Sitten verstoßenden Weise einem anderen vorsätzlich Schaden zufügt, ist dem anderen zum Ersatze des Schadens verpflichtet.

Das Verhalten ist sittenwidrig: Der Herbergsvater[112] beutet fraglos die in eine Zwangslage gekommenen Reisenden aus. Angesichts der Tatsache, daß der Schenk nur bereit war, den mittellosen und leicht angeschlagenen Vermählten eine allen gynäkologischen und hygienemedizinischen Erkenntnissen zuwider eingerichtete Räumlichkeit zur Verfügung zu stellen – aus welchen Gründen auch immer, sei es, weil er noch eine schnelle Mark machen wollte, sei es, weil er alte Gäste nicht verprellen wollte – verstößt nach allgemeiner Auffassung gegen das Anstandsgefühl aller billig und gerecht

---

112. Vgl. allgemein: *Joachim Witt*, Edelweiß, München 1982, worin es im Stück „Tri-Tra-Trullala" heißt: „Ich bin Euer Herbergsvater und sage: Hey-Hey, Tri-Tra-Trulalla. Gevatter, Ah-Ah. Oh, oh – Jucheissassa."

Denkenden. Ist deren Anstandsgefühl aber verletzt, so liegt nach juristischer Definition die Sittenwidrigkeit des Handelns vor.[113] Deutlich wird die sittliche Anstößigkeit beispielsweise auch in einem überlieferten Wortlaut der Herbergssuche:[114]

Ich klopf, ich klopf, ich sage an,
daß Christus der Herr kommen kann.
O, gebt uns hier ein Nachtquartier!
Hier ist Maria mit dem Kind,
die nirgends eine Herberg findt,
Durch Gottes Lieb tu ich euch bitten:
Öffnet uns doch eure Hütten!

Rechtlich folgt aus der Sittenwidrigkeit, Vater und Mutter des im Werden befindlichen Kindes hätten darauf bestehen können, daß ihnen eine angemessene Unterkunft zur Verfügung gestellt wird (sogenannter Kontrahierungszwang). Im nachhinein ergibt sich für

---

113. Statt aller: Palandt/*Thomas* § 826 Rdnr. 2.
114. Nachzulesen in: *Worschech*, Fränkische Bräuche zur Weihnachtszeit, 40

beide die Möglichkeit, einen Schadenersatzanspruch nach § 826 BGB geltend zu machen.

Als Schaden können aber nicht entgangene Geburtsfreuden[115] verlangt werden. Hierbei handelt es sich um einen immateriellen Schaden (Nichtvermögensschaden), der nach § 253 BGB nur in den gesetzlich bestimmten Fällen zugesprochen wird. § 826 BGB sagt aber nichts über den Ersatz von Lustverlust[116], weshalb die mütterlichen Minderfreuden nicht auszugleichen sind.[117]

Mit eben dieser Begründung werden auch die entgangenen Reisefreuden der in Bethlehem angekommenen Wanderer nicht zu vergüten sein, da es sich hierbei ebenfalls um einen immateriellen Schaden handelt.[118] Nur wenn Maria und Joseph dagegen einen Reisevertrag nach § 651a BGB geschlossen hätten, müßte der Reiseveranstalter die verminderten Urlaubsfreuden nach § 651f BGB mit einer angemessenen Geldentschädigung ausgleichen.

2. Rechtsfähigkeit des Christkindes

Die Rechtsfähigkeit des Menschen beginnt mit der Vollendung der Geburt. So bestimmt es § 1 BGB.

Aller Logik nach müßte unser Heiland am 25. Dezember im Jahre Null geboren sein. Dies ergibt sich unter einfacher arithmetischer Zurückrechnung. Wie aus einer Entscheidung des Landessozialgerichts Niedersachsen zu lernen ist, ist die „Geburt eines Kindes mit der Entbindung, das heißt der Trennung der Leibesfrucht vom Mutterleib, vollzogen".[119] Ist also der Trennungsvollzug auf den 25. Dezember des Jahres Null zu datieren?

---

115. *Müller*, Hurra – ich werde Mutter, Stuttgart 1983, 47 ff.; *Bergmann* (Hrsg.), Geburten. Erfahrungsberichte, Bremen 1981, 113.
116. Solchen Anspruch gewährt etwa § 847 BGB – Schmerzensgeld.
117. Allgemeine Meinung, siehe nur Palandt/*Heinrichs* Vorbemerkung vor § 249 Rdnr. 39 m.w.N.
118. *Isermann*, Reisen – nur noch ein Rechtsabenteuer?, NJW 1988, 873.
119. NJW 1987, 2328.

Wohl nur Duchesne behauptet eine tatsächliche Bedeutung des Tages: „Il est possible que l'on soit arrivé á fixer la date de la naissance du Christ en partant de la date présumée de la passion".[120] Nach Duchesne wäre die Geburt am 25. März, aber die Empfängnis am 25. Dezember gewesen, so daß dem 25. Dezember als „Empfängnisfest" besondere Bedeutung zukäme, Weihnachten mithin berechtigterweise an diesem Tage stattfinden würde.

Diese wunderbare Auffassung konnte sich nicht allgemein durchsetzen, was insofern erstaunt, weil die katholische Kirche mit der kurzen dreimonatigen Tragzeit Marias wiederum ein medizinisches Wunder – ähnlich der Jungfrauenschaft – zur Belebung und Belustigung ihrer Religion hätten gewinnen können. War Jesus eine frühe Frühgeburt, war die Krippe möglicherweise der erste Brutkasten?

Herrschend ist heute folgende Auffassung: Nach überwiegender Meinung folgt die Begehung der Weihnachtsfeier am 25. Dezember einem römischen Ursprung.[121] Am 25. Dezember wurde nämlich im römischen Reich der Geburtstag des Sol Invictus unter dem Namen „Natalis Invicti" gefeiert. Die Festsetzung von Jesu Geburt auf diesen Tag sollte zur Abwehr des heidnischen Festes dienen,[122] hat mit der Niederkunft des kleines Heilandes nichts, aber auch gar nichts zu tun.

Aber damit nicht genug: Auch über das Geburtsjahr bestehen erhebliche Zweifel. Einiges deutet darauf hin, daß die Abweichung nach oben oder unten mehrere Jahre beträgt,[123] jedenfalls kann nicht annähernd genau gesagt werden, ob die Geburt tatsächlich im Jahre Null +/- ein Jahr war.

Den Christen können solche historischen Überlegungen sicher an den Rande der Verzweiflung bringen, da er sich zwangsläufig

---

120. Origines du culte chrétien, Paris 1908, 279.
121. Siehe zusammenfassend: *Hieronymus Engberding*, Der 25. Dezember als Tag der Feier der Geburt des Herrn, Archiv für Liturgiewissenschaft 2 (1952), 25 ff. m.v.w.N.
122. *Engberding*, 27 ff.; Lexikon der christlichen Ikonographie, Stichwort „Geburt Christi".
123. Brockhaus Enzyklopädie, Stichwort „Jesus Christus".

überlegen wird, ob denn die großen Lehren stimmen können, wenn schon an einfachsten Nebenpunkten wie der datumsmäßigen Bestimmung gepfuscht wurde. Den Juristen ergreift solche Wirrnis nicht. Für ihn ist auch der Hort größtes Chaos und Unsicherheit kein Grund zum Defätismus. Vielmehr bemüht er einen kleinen Kunstgriff, er arbeitet wegen der nicht mehr ausräumbaren Zweifel mit einer juristischen Fiktion; das heißt hier, das Datum wird auf einen mehr oder weniger beliebigen Tag festgesetzt.

In Anbetracht des Aufwandes und der Kosten einer Veränderung von Geburtstag und Geburtsjahr des Gottessohnes schlagen wir – in Erwartung einer angeregten juristischen Kontroverse – zur Güte vor: 25. Dezember Anno Domini 0000. Seitdem sollte das Christkind als Ausdruck ökonomischen Denkens geboren und rechtsfähig sein.[124]

VII. Lobpreisung durch die Weisen aus dem Morgenland

Großen Eindruck auf nachfolgende Generationen haben die drei Weisen aus dem Morgenland hinterlassen.[125] Der Name der Weisen wird heute festgelegt mit Kaspar, Melchior und Balthasar. Sie waren trotz der regelmäßigen Bezeichnung als Könige keine weltlichen Monarchen, sondern wurden so in Anspielung auf die Prophezeiung des Jesaja Kapitel 60, 1-6[126] und Psalm 72, 10 f.[127] genannt.[128]

Interessanterweise werden zwischenzeitlich die Geschenke nicht

---

124. Ebenso: *Colani*, Die Rechtsfähigkeit des Christkinds vom Jahre Null bis heute.

125. *Kehrer*, Die Heiligen Drei Könige in Literatur und Kunst, sowie *Schärmeli*, Königsbrauch und Dreikönigsspiele im welschen Teil des Kantons Freiburg.

126. U.a.: *Und die Heiden werden zu deinem Lichte ziehen und die Könige zum Glanz, der über dir aufgeht. (...) Sie werden aus Saba alle kommen, Gold und Weihrauch bringen (...).*

127. *Die Könige von Tarsis und auf den Inseln sollen Geschenke bringen, die Könige aus Saba und Scheba sollen Gaben senden. Alle Könige sollen niederfallen und alle Völker ihm dienen.*

128. *Worschech*, Fränkische Bräuche zur Weihnachtszeit – von Martini bis Lichtmeß, 143.

mehr von den Weisen erwartet, sondern die Könige selbst fordern in allerlei Riemelreimen Bescherung.[129] So zum Beispiel in Bremen:[130]

Ick bün so'n lüttjen König,
geeft mi nich so wenig,
laat't mi nich so langen stahn,
denn ick mutt noch wietergahn;
halli, halli, hallo,
so geiht't na Bremen to.

Mien Vadder is Zigarrenmaker,
mien Mudder kaut Tabak,
un wenn ji dat nich glöben wüllt,
denn steek ick jo in'n Sack
halli, halli, hallo,
so geiht't na Bremen to.

1. Aufenthaltserlaubnis (Visa) erforderlich?

Da Jesus geboren war zu Bethlehem im jüdischen Lande zur Zeit des König Herodes, siehe da kamen Weise vom Morgenland nach Jerusalem und sprachen: Wo ist der neugeborene König der Juden? Wir haben seinen Stern gesehen im Morgenland und sind gekommen, ihn anzubeten. (Matthäus Kapitel 2, Vers 1-2)

So berichtet uns der Zeuge Matthäus von dem Besuch dreier Männer an der Geburtsstätte des Menschheitsbeglückers. „Da kann ja jeder kommen!", ist man versucht auszurufen. Kann aber nicht! Zu-

---

129. Noch häufiger dürfte aber das Anbetteln des Weihnachtsmannes sein. So sang einer der Autoren am Heiligen Abend in der Familie und an den nachfolgenden Tagen in der weiten Nachbarschaft jahraus jahrein folgendes Bettelliedchen: *Leve Wiehnachtsmann/dörf ick ok wat hebben?/Danneboom mit Lichter?/Poppen mit Gesichter?/Utgepuste Eier?/Gu'n Tag, Tante Meier.* Vgl. zu diesem Reim *Selk*, Mittwinter und Weihnachten in Schleswig-Holstein. Eine volkskundliche Darstellung, 25.

130. Vgl. Das Bremer Weihnachtsbuch für Stadt und Land mit einem Vorwort von Domprediger *Abramzik*, 76.

mindest nicht, wenn sich eine ähnliche Geschichte auf dem Boden unserer freiheitlich demokratischen Grundordnung vollziehen sollte. Schon gar nicht drei Weise aus dem Morgenland. Mit Morgenland ist nämlich das damalige Babylon und der heutige Iran/Irak gemeint.[131]

Nach § 1 i.V.m. § 3 Ausländergesetz bedürfen Ausländer, die in die Bundesrepublik Deutschland einreisen und sich dort aufhalten

131. Vgl. *Grundmann*, Theologischer Handkommentar, Bd I, S. 73 ff..

wollen, einer Aufenthaltsgenehmigung. Diese Aufenthaltsgenehmigung ist vor der Einreise in Form des Sichtvermerkes (Visum) einzuholen (§ 3 Abs. 3 AuslG). Davon befreit sind Angehörige der Staaten, die in der Anlage I zur Verordnung zur Durchführung des Ausländergesetzes (DVAuslG) aufgeführt sind. Irak und Iran sind aber nicht darunter. Die drei weisen Herren müssen daher vor ihrer Einreise in die Bundesrepublik bei deren Auslandsvertretungen in ihren Heimatländern eine Aufenthaltsgenehmigung beantragen, die im vorliegenden Fall wohl als Aufenthaltsbewilligung (§ 28 AuslG) zu erteilen wäre. § 28 AuslG sieht vor, daß die Aufenthaltsgenehmigung als Aufenthaltsbewilligung erteilt wird, wenn einem Ausländer der Aufenthalt nur für einen bestimmten, seiner Natur nach einen nur vorübergehenden Aufenthalt erfordernden Zweck erlaubt wird. Die Begrüßung eines Neugeborenen dürfte ihrer Natur nach nur einen vorübergehenden Aufenthalt erfordern, so daß keine grundsätzlichen Bedenken gegen die Erteilung einer Aufenthaltserlaubnis bestehen.

2. Verstoß gegen das Betäubungsmittelgesetz durch Inbesitznahme und Weitergabe von Weihrauch?[132]

Ob mit oder ohne Aufenthaltserlaubnis – jedenfalls reisten die heiligen Drei an die Geburtsstätte

und gingen in das Haus und fanden das Kindlein mit Maria, seiner Mutter, und fielen nieder und beteten es an und taten ihre Schätze auf und schenkten ihm Gold, Weihrauch und Myrrhe. (Matthäus Kapitel 2, Vers 11)

Weihrauch – in der handelsüblichen Form für kultische Zwecke – ist eine Mischung verschiedener Harze und getrockneter Drogen. Diese Mischung entwickelt beim Verbrennen einen sehr charakteristi-

---

132. Vgl. zur Parallelproblematik im Gesellschaftsrecht *Rasner*, Verdeckte Sacheinlagen und ihre Heilung, NJW 1993, 186.

schen, balsamisch-narkotisierenden Duft.[133] Ohne daß wir klassische rassistisch motivierte Vorurteile gegen in der Bundesrepublik Deutschland sich aufhaltende Menschen aus dem ehemaligen Babylon untermauern wollen, muß an dieser Stelle doch der Frage nachgegangen werden, ob die drei Weisen durch den Transport und die Weitergabe des Weihrauchs mit dem Betäubungsmittelgesetz in Konflikt geraten sind.

§ 29 i.V.m. § 3 BtMG stellt praktisch jedweden Umgang mit Betäubungsmitteln unter Strafe, da danach der Anbau, die Herstellung, das Handeltreiben, Einführen, Ausführen, Veräußern, Abgeben, Inverkehrbringen, Erwerben oder jedes sonstige Verschaffen verboten ist und mit Gefängnis bis zu vier Jahren bestraft wird.

Auch die Einfuhr und Weitergabe des Weihrauchs durch die drei Weisen wäre also dann strafbar, wenn es sich bei Weihrauch um Betäubungsmittel im Sinne des BtMG handelt.

§ 1 BtMG definiert, was Betäubungsmittel sind. Nämlich die in den Anlagen I-III zu dem Gesetz aufgeführten Stoffe und ihre Zubereitungen. Weihrauch ist (noch) nicht in diesen Anlagen aufgeführt, seine Einfuhr und Weitergabe daher nicht strafbar.

Im übrigen könnte man angesichts der Tatsache seiner regelmäßigen wöchentlichen Weitergabe in speziell dafür errichteten Kultstätten möglicherweise von einem sozialadäquaten Verhalten ausgehen – wie wir es etwa bei der Droge Alkohol kennen. Eine solche Einordnung würde dann dazu führen, daß eine Strafbarkeit ausgeschlossen wäre, da es einer respektierten religiösen Übung entspräche.

3. Luftverkehrsrechtliche Probleme des Fliegens von Engeln und anderen himmlischen Heerscharen

In allen Evangelien wird auf das bedeutsame Wirken von Engeln und das des Heiligen Geistes hingewiesen. Wie jedes Kind weiß und

---

133. Brockhaus-Enzyklopädie, Stichwort „Weihrauch".

mehrfach in der Bibel beschrieben ist, fliegen die Herren Engel und
der Heilige Geist durch die Lüfte. Hierzu nur folgende Beispiele:

*Und der Heilige Geist fuhr hernieder in leiblicher Gestalt auf ihn
wie eine Taube"(Lukas Kapitel 3, Vers 22).*

*Und da die Engel von ihnen [den Hirten] gen Himmel fuhren
(Lukas Kapitel 2, Vers 15).*

Vereinzelt wird gar behauptet, daß das Christkind selber des Fliegens mächtig sei und von dieser Gabe Gebrauch mache:[134]

*Christkindla, flieg über mei Haus,
leer dei goldis Wächala aus;
Äpfel, Birn und goldia Nüß,
Zuckerstückli a nit vergiß!*

---

134. *Worschech*, Fränkische Bräuche zur Weihnachtszeit, 15.

Letzteren Punkt – das Fliegen des Christkindes – wollen wir aber ausklammern, da solches im Neuen Testament nur an späterer Stelle (Fahrt zu Gott und Wiederauferstehung) substantiiert verortet werden kann. Daß Jesus schon im Kindesalter des Fliegens mächtig war, kann hingegen nicht hinreichend bestimmt gesagt werden.

Das Folgende konzentriert sich also auf die Zulässigkeit des Fliegens der Herren Engel und Heiliger Geist. Bei deren Handlungen ist die Frage nach der luftverkehrsrechtlichen Zulässigkeit gestellt. Nach § 2 LuftVG dürfen *Deutsche Luftfahrzeuge nur in Betrieb genommen werden, wenn sie zum Luftverkehr zugelassen und in die Luftfahrzeugrolle eingetragen sind.* Sind aber die – zweifelsohne benutzten – Flügel ein Luftfahrzeug im Sinne des Luftverkehrsgesetzes? Ja, davon wird auszugehen sein. Nach § 1 Abs. 2 LuftVG sind unter anderem *Drachen, Fallschirme, Flugmodelle und sonstige für die Benutzung des Luftraums bestimmte Geräte* Luftfahrzeuge. Da den Herren Engel und Heiliger Geist nach den bisherigen anatomischen Erkenntnissen die Flügel nicht gewachsen, sondern wie weiland Ikarus nur angebracht sein können, stellen sie ein sonstiges Gerät zur Benutzung des Luftraumes dar.[135]

Es ist nicht ersichtlich, daß die Flügel in die Luftfahrzeugrolle eingetragen waren – heutzutage sind sie es jedenfalls nicht –, so daß sich die Herren Engel und Heiliger Geist gemäß § 60 Abs. 1 Nr. 1 LuftVG strafbar gemacht haben. Nach § 74 StGB[136] sind die Flügel einzuziehen, da mit ihnen eine vorsätzliche Straftat begangen worden ist.

---

135. Vgl. noch *Giemulla/Schmid*, Der Luftfahrzeugführer. Seine Rechte und Pflichten sowie *Riese*, Der Helikopter ein neues luftrechtliches Problem?, in: FS *Haff*, 1950, 323-331.
136. *Ist eine vorsätzliche Straftat begangen worden, so können Gegenstände, die durch diese hervorgebracht oder zu ihrer Begehung oder Vorbereitung gebraucht worden oder bestimmt gewesen sind, eingezogen werden.*

VIII. Beschneidung und Namensgebung

1. Körperverletzung nach § 223 StGB

Und da acht Tage um waren und man das Kind beschneiden mußte, da ward sein Name genannt Jesus, wie er genannt war von dem Engel, ehe denn er im Mutterleibe empfangen ward. (Lukas Kapitel 2, Vers 21)

Beschneidung ist die Entfernung (Circumcision) oder Einschneidung (Incision) der Vorhaut des männlichen Sexualorganes. Als Zeichen des Eintritts in die Religionsgemeinschaft ist sie im Judentum am 8. Tag nach der Geburt üblich.[137] In der Regel wurde sie vom Hausvater in einer häuslichen Feier vorgenommen.

Nun mag man in der Beschneidung Jesu auch die Offenbarung seiner wahren Menschwerdung, „seiner ganzen männlichen Leiblichkeit, da sie nur am männlichen Glied vorgenommen wurde",

---

137. Brockhaus-Enzyklopädie, Stichwort „Beschneidung".

sehen, wie es Hilger[138] tut, nichtsdestotrotz ist sie doch für den so Behandelten mit erheblichen Risiken verbunden.[139]

So wird Jesus wegen seines Alters zwar wahrscheinlich nicht die Probleme des Klägers haben, der im Jahre 1991 das Oberlandesgericht in Oldenburg beschäftigte. Jener hatte sich nämlich am 3. Februar 1987 zu einer Vorhautbeschneidung durch den Beklagten entschieden, diesen aber darauf hingewiesen, daß bis zum Besuch seiner Freundin Anfang März 1987 „volle Funktionsfähigkeit des Genitalorgans" bestehen müsse. Als es dazu nicht kam und es auch noch Monate dauerte, klagte er auf Schadenersatz.[140] Das Oberlandesgericht gab dem Anspruch statt: der Arzt habe über den möglichen (Un-)Heilverlauf nicht ausreichend aufgeklärt. Für die Verletzung sei ein Schmerzensgeld in Höhe von DM 10.000,— angemessen. Offen ließ das Gericht jedoch, ob in die Bemessung des Schmerzensgeld jahresbedingt auftretende „Frühlingsgefühle" eingeflossen sind – was wahrscheinlich scheint.

Abgesehen von den vorgenannten zivilrechtlich zu bewältigenden Problemen stellt sich die Frage, ob die Beschneidung Jesu nicht auch eine strafrechtlich relevante Komponente enthält. So könnte sich Joseph, indem er die Beschneidung vornahm, einer Körperverletzung gemäß § 223 StGB strafbar gemacht haben.

Eine Körperverletzung begeht, wer einen anderen körperlich mißhandelt oder an der Gesundheit beschädigt. Eine körperliche Mißhandlung ist ein übles, unangemessenes Behandeln, das entweder das körperliche Wohlbefinden oder die körperliche Unversehrtheit nicht nur unerheblich beeinträchtigt.[141] Daß die körperliche Unversehrtheit durch das Abschneiden der Vorhaut mehr als

---

138. In: Gottes Wort und unsere Antwort. Handbuch für den Bibelunterricht, 51

139. Siehe hierzu auch den Artikel „Jesus hatte keine Geschlechtsteile" in: die tageszeitung vom 20.3.1993

140. NJW-RR 1991, 1376. Siehe hierzu auch die Entscheidung des *OLG Hamm* vom 7.5.1969 – 3 U 116/66 -, die die Verkochung der Penishaut bei elektrochirurgischer Beschneidung eines Säuglings betrifft, sowie *OLG Saarbrücken* NJW 1975, 1467, betreffend den Penisverlust nach Beschneidungsoperation mit elektrochirurgischem Instrument.

141. H.M., statt vieler: Dreher/*Tröndle* § 223 Rdnr. 3.

nur unerheblich beeinträchtigt wird, dürfte unstreitig sein. Eine Körperverletzung scheint damit zunächst einmal gegeben zu sein.

Nun wurde aber bereits oben dargelegt, daß es sich bei der Beschneidung um einen Initiationsritus des Judentums handelt. Für solche Fälle hat die Rechtslehre das Institut der Sozialadäquanz entwickelt, das dann die Tatbestandsmäßigkeit (und damit die Strafbarkeit) ausschließen soll, wenn sich die Handlung im Rahmen der geschichtlich gewordenen Sozialordnung hält.[142] Die Rechtsprechung hat diesen Gedanken, wenn auch zurückhaltend, übernommen.[143] Da die Beschneidung bereits im Alten Testament als Ritus beschrieben wird,[144] kann hier davon ausgegangen werden, daß es sich um geschichtlich gewordenes sozialadäquates Verhalten handelt.[145]

Jesu Beschneidung hat also keine strafrechtlichen Konsequenzen.

2. Das neutestamentarische Namensrecht und die Vereinbarkeit mit dem bürgerlichen Gesetzbuch

Das LG Mönchengladbach[146] traf am 3. Januar 1985 eine historische Entscheidung. Unter dem kurzen Leitsatz

Der Vorname „Jesus" ist nicht eintragungsfähig.

machte es allen Hoffnungen auf eine Neuauflage der Weihnachtsgeschichte ein jähes Ende. Begründet hat das Landgericht sein bedeutungsvolles Urteil damit, daß der Vorname „Jesus" wegen der überragenden Bedeutung in den deutschen christlichen Kirchen die religiösen Gefühle von deren Mitgliedern verletze.[147]

---

142. Vgl. *Küpper*, Strafvereitelung und „sozialadäquate" Handlung , GA 1987, 385, 388.
143. Vgl. *OLG München* NStZ 1985, 550; BGHSt 23, 228.
144. 1. Buch *Moses* Kapitel 17, Vers 9-14; 3. Buch *Moses* Kapitel 12, Vers 3.
145. So auch *Dreher/Tröndle* § 223 Rdnr. 16a.
146. Standesamt 1985, 166.
147. *LG Mönchengladbach* Standesamt 1985, 166; – und vorher schon: *AG Bielefeld*, Standesamt 1964, 165. Im Schrifttum haben sich bislang *Diederichsen*, Das Recht der Vornamensgebung, NJW 1981, 705, 710 und *Dörner*, Das elterliche Recht zur Wahl des Vornamens, Standesamt 1973, 237, 239 entsprechend über eine Untersagung des Vornamens unseres Glaubensstifters geäußert.

Die Namensgebung des Christkindes muß bei einer Neufassung des Evangeliums also in abgeänderter Form erfolgen. Bislang hieß es noch:

Und [Joseph] hieß seinen Namen Jesus (Matthäus Kapitel 1, Vers 25)

Und da acht Tage um waren und man das Kind beschneiden mußte, da ward sein Name genannt Jesus, wie er genannt war von dem Engel, ehe denn er im Mutterleibe empfangen ward (Lukas Kapitel 2, Vers 21)

IX. Exil in Ägyptenland nach Maßgabe des Art. 16 GG alter und neuer Fassung

Da sie [die drei Weisen] aber hinweggezogen waren, siehe, da erschien der Engel des Herrn dem Joseph im Traum und sprach: Stehe auf und nimm das Kindlein und seine Mutter zu dir und fliehe nach Ägyptenland und bleibe allda, bis ich dir's sage, denn Herodes geht damit um, daß er das Kindlein suche, es umzubringen. Und er stand auf und nahm das Kindlein und seine Mutter zu sich bei der Nacht und entwich nach Ägyptenland. Und blieb allda bis nach dem Tod des Herodes, auf daß erfüllet würde, was der Herr durch den Propheten gesagt hat, der da spricht: „Aus Ägypten habe ich meinen Sohn gerufen." (Matthäus Kapitel 2, Vers 13-14)

Was aber, wenn Herr Engel Joseph nicht befohlen hätte, nach Ägyptenland zu ziehen, sondern seinen Fußmarsch noch etwas fortzusetzen, etwa bis in die Bundesrepublik Deutschland? Wären Joseph, Maria und nicht zuletzt der zu diesem Zeitpunkt noch in seinen Windeln liegende Jesus auch bei uns aufgenommen worden?

Nun, sie hätten zunächst einen Asylantrag stellen müssen. Alles weitere läuft dann seinen geregelten juristischen Gang.

1. Das Asylbegehren der Familie von Nazareth nach dem bis 30. Juni 1993 geltenden Artikel 16 Abs. 2 S. 2 Grundgesetz

Politisch Verfolgte genießen Asylrecht.

Schlicht und klar formuliert das Grundgesetz diese „Selbstverständlichkeit souveräner Staaten"[148] in seinem Artikel 16 Abs. 2 S. 2.

Der Begriff der politischen Verfolgung ist weit auszulegen. Hierunter ist jede Verfolgung zu verstehen, die entweder durch kein Gesetz erlaubt ist oder deren gesetzliche Grundlage mit den rechtsstaatlichen Grundsätzen und der Werteordnung des Grundgesetzes im Widerspruch steht. Nun ist das Wort eines Königs sicher Gesetz, auch wenn es die Ermordung von Kindern befiehlt, aber ist ein solcher Vorgang auch mit der Werteordnung des Grundgesetzes vereinbar? Wohl kaum! Man stelle sich nur einmal den Fall vor, Bundeskanzler Dr. Helmut Kohl (als bundesdeutsches Gegenstück zu Herodes – was die Staatslenkerfunktion betrifft) befehligte die Ermordung sämtlicher „Enkel" des ehemaligen, zu Lebzeiten offenbar potenten SPD-Vorsitzenden Willy Brandt, weil ein paar zugereiste Weise aus dem Morgenland diese mit der Frage suchten: Wo ist der neue Bundeskanzler der Deutschen? Herr Dr. Kohl würde damit sicher wie weiland Dr. Uwe Barschel einen Sturm der Entrüstung entfachen, weil ein fundamentaler Verstoß gegen die Rechtsordnung offen zu Tage läge.

Eine von der Regierung oder ihren Außenverwaltern (hier Herodes) angeordnete lebensgefährdende Verfolgung wird als Asylgrund ausreichen. Joseph, Maria und Jesus dürften nach ihrem langen Fußmarsch ins gelobte Deutschland gute Aussichten haben, hier (noch) Asyl zu bekommen.

---

148. *Tönnies*, Kann Asyl ein Recht sein?, ZRP 1992, 42, 43

2. Das Asylbegehren der Familie von Nazareth nach dem seit 1. Juli 1993 geltenden Artikel 16 a Grundgesetz

Seit Ende der 80er Jahre mehrten sich die Stimmen, die meinten, wir hätten genug Josephs, Mirjams[149] und Jesu unter den Michels, Lieschen und Adolfs.[150] Darauf reagierte die Legislative prompt.

Die seit dem 1. 7. 1993 geltende Fassung des Grundgesetzes behält zwar in dem neugeschaffenen Artikel 16 a GG die Formulierung „Politisch Verfolgte genießen Asylrecht." bei (Art 16 a Abs. 1 GG), in den Absätzen 2 bis 5 des Artikels 16 a GG werden dann aber Hürden errichtet, die es kaum noch einem Flüchtling möglich machen dürften, dieses Recht auch tatsächlich zu „genießen".

Nach den neuen Regelungen darf Asylrecht nicht genießen, wer aus einem Staat einreist, in dem er nicht der Gefahr ausgesetzt ist, politisch verfolgt zu werden. Er darf auch nicht in einen Staat abgeschoben werden, in dem ihm politische Verfolgung droht. Darauf basierende gesetzliche Regelungen bestimmen, daß Asylbewerber aus Staaten, auf die die o. g. Voraussetzungen zutreffen, an der Grenze zurückgewiesen werden können oder ihr Aufenthalt im Geltungsbereich des Grundgesetzes unverzüglich beendet werden kann.[151]

Da dies auf alle Staaten, die das Dubliner und Schengener

---

149. So der nichtlatinisierte Name der „Maria".

150. Exemplarisch sei einer von vielen Juristen zitiert, der sich ganz der (deutschen Form) der Nächsten- und Vaterlandsliebe hingegeben hat:

Nach Ministerialrat *Dr. Hans A. Stöcker* (Streichung des Individualgrundrechts auf Asyl?, ZRP 1993, 9) verletze „der ungesteuerte Massenzustrom von Asylbewerbern das `grundlegendste aller Menschenrechte`, das Selbstbestimmungsrecht der Nation." Stöcker weiter: „So könnte eine rigorose Abschiebungs- und Zurückweisungspraxis auch in unserer Zeit das allgemeine Bewußtsein schärfen, daß die Völker den Fehlgebrauch ihres Selbstbestimmungsrechts, wie er in Mißwirtschaft und Korruption, in Überbevölkerung und Bürgerkriegen, aber auch in Menschenrechtsverletzungen zum Ausdruck gelangt, selbst zu tragen haben und nicht berechtigt sind, sie in Form von Flüchtlingsströmen auf andere Völker abzuwälzen. Humanitäre Hilfe zu empfangen, ist ein Privileg; ein Rechtsanspruch darauf besteht nicht." – Was soll uns das sagen? Mit Dummheit geschlagen zu sein, ist auch ein Privileg; ein Rechtsanspruch darauf besteht ebenfalls nicht.

151. Kritisch hierzu: *Huber*, Verfassungsrechtliche Aspekte einer Asylrechtsharmonisierung in Europa, ZRP 1992, 123

Abkommen[152] unterzeichnet haben, zutreffen soll und darüber hinaus auch bilaterale Verträge mit Polen und der Tschechischen Republik[153] den Anforderungen genügen sollen, müßten Joseph und seine Familie schon mit dem Boot oder per Flugzeug in Deutschland landen, um hier einen Asylantrag stellen zu können. Da ihnen dies aber angesichts ihrer ärmlichen Verhältnisse[154] kaum möglich sein wird, müssen sie eben in einem der von ihnen durchreisten Länder einen Asylantrag stellen. Sollte dieser dann abgelehnt und sie in den Machtbereich des Herodes ausgewiesen werden, hätte dies den sicheren Tod zumindest des Kleinkindes zur Folge. Die als christlich firmierenden Parteien[155] dürften sich damit trösten, daß der Kleine ohnehin nicht sehr alt geworden wäre – wie wir heute wissen.

X. Kinderpogrom durch Herodes

Eines der scheußlichsten Kapitel der gesamten Bibel ist die feige Ermordung unschuldiger Kinder durch den grausamen Herodes. Der Zeuge Matthäus berichtet hiervon eher kühl und distanziert:

Da Herodes nun sah, daß er von den Weisen betrogen war, ward er sehr zornig und schickte aus und ließ alle Knäblein zu Bethlehem töten und in der ganzen Gegend, die da zweijährig und darunter waren, nach der Zeit, die er mit Fleiß von den Weisen erkundet hatte. Da ist erfüllt, was gesagt ist von dem Propheten Jeremia, der da spricht: „Zu Rama hat man ein Geschrei gehört, viel Weinen und Heulen; Rahel beweinte ihre Kinder und wollte sich nicht trösten lassen, den es war aus mit ihnen". (Matthäus Kapitel 2, Vers 16-18)

---

152. Siehe hierzu *Bierwirth/Göbel-Zimmermann*, Handlungsspielräume und Grenzen einer Änderung des Asylrechts, ZRP 1992, 470, 474 .
153. *Bierwirth/Göbel-Zimmermann*, ebenda.
154. Vgl. *Grundmann*, Theologischer Handkommentar, Bd. 3, S. 81.
155. Nicht anderes gilt auch für den überwiegenden Teil der deutschen Sozialdemokraten.

Da die Häscher des Herodes uns nicht namentlich bekannt sind und daher für ihre Greueltaten nicht zur Verantwortung gezogen werden können,[156] stellt sich die Frage, inwieweit Herodes selbst sich strafbar gemacht hat, indem er den Befehl zur Tötung gab.

Hier kommt zunächst Mord gemäß § 211 StGB in Betracht: *Der Mörder wird mit lebenslanger Freiheitsstrafe bestraft. Mörder ist, wer aus Mordlust, zur Befriedigung des Geschlechtstriebs oder sonstigen niedrigen Beweggründen, heimtückisch oder grausam oder mit gemeingefährlichen Mitteln oder um eine andere Straftat zu ermöglichen oder zu verdecken einen Menschen tötet.*

Über den Vorgang der Tötung als solchen wissen wir aufgrund der spärlichen Zeugenaussagen zu wenig, als daß wir aus ihnen auf eine „grausame", „heimtückische" oder mit „gemeingefährlichen Mitteln" durchgeführte Begehung und damit auf ein Mordmerkmal des § 211 StGB schließen könnten. Auch von den anderen Mordmerkmalen kommen hier lediglich „Habgier" oder „sonstige niedrige Beweggründe" in Betracht.

Habgier setzt ein über die Gewinnsucht hinaus gesteigertes Gewinnstreben um jeden Preis voraus.[157] Allein den Gedanke des Machterhalts, zumal als führender Politiker eines Herrschaftsbereiches, wird man Herodes aber wohl kaum als Habgier vorwerfen können, auch wenn mit einer solchen Position vielleicht gewisse Annehmlichkeiten wie kostenlose Flug- und Urlaubsreisen von guten Amigos oder staatlich subventionierte Putzfrauen verbunden sind.

Bleibt das Mordmerkmal des „sonstigen niedrigen Beweggrundes". Beweggründe sind niedrig, wenn sie als Motiv einer Tötung nach allgemeiner sittlicher Anschauung verachtenswert sind und auf niedrigster Stufe stehen.[158] Solche sind etwa Tötung aus ver-

---

156. Zu ihrer generellen Strafbarkeit vgl. das Urteil des *BGH*, in: NJW 1993, 141, zur Strafbarkeit von Mauerschützen.
157. Vgl. Dreher/*Tröndle* § 211 Rdnr. 5.
158. Dreher/*Tröndle* § 211 Rdnr. 5a

schmähter Liebe,[159] Eifersucht,[160] Ärger über Wegnahme des Füh-
rerscheins[161] und auch aus Wut aus nichtigem Anlaß[162].

Wie wir von dem Zeugen Matthäus wissen, hatte Herodes die
drei Weisen gebeten, vor ihrer Abreise noch einmal bei ihm vorbei-
zuschauen, damit er sich nach dem Neugeborenen bei ihnen erkun-
digen könnte.

> *Da berief Herodes die Weisen heimlich und erkundete mit Fleiß
> von ihnen, wann der Stern erschienen wäre, und wies sie an nach
> Bethlehem und sprach: Ziehet hin und forschet fleißig nach dem
> Kindlein; und wenn ihr's findet, so sagt's mir wieder, daß auch
> ich komme und es anbete. (Matthäus Kapitel 2, Vers 7-8).*

Nur weil sie dies nicht taten, sondern auf direktem Weg nach Hause
zurückkehrten, oder mit den Worten des Zeugen Matthäus:

> *Und Gott befahl ihnen im Traum, daß sie nicht sollten wieder zu
> Herodes gehen, und sie zogen auf einem andern Weg wieder in
> ihr Land (Matthäus Kapitel 2, Vers 12),*

deswegen wurde Herodes wütend[163] und befahl die Tötung der
Knäblein.

Wut über eine nicht eingehaltene Verabredung mag in gewissem
Umfang verständlich sein, rechtfertigt aber sicher nicht die Tötung
zahlreicher Kinder. Diese Reaktion des Herodes auf die geschei-
terte Zusammenkunft mit den drei Weisen ist als auf tiefster Stufe
stehend und verachtenswert anzusehen. Damit ist das Mordmerkmal „sonstige niedrige Beweggründe" erfüllt. Herodes hat sich des
Mordes in mittelbarer Täterschaft strafbar gemacht.

---

159. *LG Aachen* NJW 1962, 2313.
160. *BGHSt* 22, 12
161. BGH-Entscheidung vom 14.7.1988, 4 StR 204/88
162. *BGH* NJW 1967, 1140
163. Siehe auch: *Grundmann*, Theologischer Handkommentar, Bd. I, S. 85.

Ist aber der Herodes selbst Täter oder hat er die Täter nur angestiftet?

Die Strafbarkeit von Tyrannen wie Herodes wird in der rechtswissenschaftlichen Literatur unter dem Stichwort der Strafbarkeit von Hintermännern und Befehlsgebern diskutiert.[164] Einigkeit herrscht in der Literatur darüber, daß sie allesamt als Täter (§ 25 StGB) und nicht etwa als bloße Gehilfen (§ 27 StGB) angesehen werden. Zwar gibt es über die dogmatische Herleitung der Tätereigenschaft und damit der Täterschaftsform, also Alleintäter, Nebentäter (§ 25 Abs. 1 StGB) oder Mittäter (§ 25 Abs. 2 StGB), unter den Gelehrten noch Differenzen, doch dürfte die von Roxin begründete Lehre der Organisationsherrschaft, die mittelbare Täterschaft kraft organisatorischen Machtapparates annimmt,[165] diejenige sein, der zuzustimmen ist.

Für die mittelbare Täterschaft kommt es darauf an, daß der mittelbare Täter, also hier Herodes, die Willensherrschaft über das Tatgeschehen inne hat.[166] Denn mittelbarer Täter ist, wer die Tat „durch einen anderen" begeht, diesen also als Tatmittler oder Werkzeug für sich handeln läßt.[167] Für Herodes sind die Personen, die seine Befehle ausführen, austauschbare anonyme Figuren, bloße „Rädchen im Getriebe",[168] eben hieraus ergibt sich seine Willensherrschaft und damit die mittelbare Täterschaft.

Die hier ebenfalls vorliegende Anstiftung (§ 26 StGB) steht hierzu in Gesetzeskonkurrenz und tritt daher zurück (Subsidiarität).[169]

---

164. Vgl. *Küpper/Wilms*, Die Verfolgung von Straftaten des SED-Regimes, ZRP 1992, 91, 95.
165. *Roxin*, Täterschaft und Tatherrschaft, S. 242 ff.
166. Vgl. *BGHSt* 9, 370, 380.
167. *Lackner* § 25 Rdnr. 2.
168. Vgl. *Küpper/Wilms*, ZRP 1992, 95
169. Vgl. *Küpper/Wilms*, ZRP 1992, 95.

C. Schluß
Der Beginn des Evangeliums nach Gieschen/Meier

Wir möchten nun abschließend versuchen, den Beginn der Evangelien nach Matthäus und Lukas in rechtlich einwandfreier Form darzustellen. Es kann sich hierbei nur um einen allerersten Versuch handeln, der schon deshalb nicht endgültig ist, weil wir weder Theologen noch Schriftsteller, sondern Juristen sind.

Unser Vorschlag:

Es begab sich aber zu der Zeit, daß ein Gebot von dem Kanzler Augustus und seiner Regierung ausging, eine allgemeine Volkszählung durchzuführen. Im Hinblick auf das informationelle Selbstbestimmungsrecht des Artikel 2 Abs. 1 i. V.m. 1 Abs. 1 Grundgesetz sollte die Zählung der Staatsbürger durch auszufüllende Formularbögen geschehen, die die Anonymität der Bürger umfassend und lückenlos gewährleisteten.

Zu dieser Zeit lebten Maria und ihr Verlobter Joseph aus Galiläa, zu dessen Urahnen die anderweit bekannten Abraham und Sarah zählen, in der Stadt Nazareth. Zu Maria kam irgendwann im Jahr eins vor Christus der – in Sachen der Fortpflanzungsmedizin offenbar versierte – Herr Engel. Engel sagte zu Maria, dieselbe sei aus genetischen Gründen für die Zurweltbringung des Menschensohnes besonders geeignet; er habe besonders gutes Sperma vorrätig, mit dem er sie inseminieren wolle. Sie werde davon schwanger werden und mit 93,52%iger Wahrscheinlichkeit einen Sohn gebären, den sie – da der Vorname Jesus nicht eintragungsfähig sei – Karlheinz[170] nennen solle. Karlheinz werde ein ganz besonderes Kind werden, da das Sperma von höchster, fast heiliger Güte sei. Maria erwiderte darauf, sie wisse gar nicht wie das ohne Mann zugehen solle, erkläre sich letztlich aber mit der Insemination einverstanden, worauf die Befruchtung durchgeführt wurde.

Ihrem Verlobten Joseph berichtete Maria von der Schwangerschaft nicht, sondern dieser erfuhr davon erst durch äußere anatomische Veränderungen seiner Frau. Joseph wollte zwar niemandem erzählen, daß das Kind nicht von ihm war, er trug sich zwischenzeitlich dafür aber mit dem Gedanken, sich seiner Unterhaltspflichten durch die räumliche Entfernung von seiner Gattin zu entziehen.

Zu letzterem kam es aber nicht, da Herr Engel dem Joseph erklärte, daß Maria keinen Kontakt zu einem anderen Manne, sondern nur zu den metallenen Geräten der Medizin gehabt habe. Joseph solle aus diesem Grunde Maria trotz der Insemination heiraten, da er und alle anderen von den Fähigkeiten des kleinen Wunderkindes profitieren würden. Nach kurzem Zögern erklärte sich Joseph mit diesem Vorgehen bereit.

Noch während der Schwangerschaft wanderten Joseph und Maria sodann nach Bethlehem, weil Joseph dort noch ein ererbtes Haus von seinem Vorverfahren David besaß, das er in Besitz nehmen wollte. Auf dieser Wanderung setzten sehr plötzlich bei Maria die Wehen ein, weshalb sie sich zu dem am nächsten gelegenen Hotel begaben. Dieses war völlig ausgebucht, so daß der Portier es zunächst ablehnte, den Wandernden ein Zimmer zur Verfügung zu stellen. Nachdem Joseph allerdings darauf verwies, daß der gewerbliche Anbieter von Tagesunterkünften angesichts der Notlage seiner Frau hierzu rechtlich wohl verpflichtet sei, hatte die Hotelleitung ein Einsehen und stellte ein angemessenes Zimmer bereit.

---

170. Der Name ist frei erfunden und deutet auch nicht darauf hin, daß unser nächster Heiland Karlheinz heißen wird.

Hier wurde das Kind sodann am 25. Dezember im Jahre Null zur Welt gebracht. Und sie verfuhren mit der Namensnennung so wie es Engel vorgeschlagen hatte, sie nannten ihr Kind Karlheinz.

Sofort nach der Geburt erreichte einige Journalisten und auch das medizinische Fachpublikum die Nachricht von der Geburt des genetischen Wunderkindes, so daß sie allesamt versuchten, das Kindlein zu sehen und zu untersuchen. Um sich beliebt zu machen, verteilten sie an das Kind und die Eltern allerlei Geschenke.

Uwe B. Herodes, Ministerpräsident im nahegelegenen Jerusalem, muß wegen des verkündeten Genius des Neugeborenen um seine Macht gefürchtet haben, so daß er gedachte, das Kind wegen Steuerhinterziehung anzuzeigen, weil die Geburtsgeschenke nicht als Einnahmen versteuert wurden; des weiteren sollten alle Krippen- und Kindergartenplätze in Jerusalem gesperrt werden, um dem Kind das Heranwachsen zu erschweren. Nach reiflicher Überlegung sah er von diesem Unterfangen aber ab, da er sich sagte, er könne im Falle eines Machtwechsels zugunsten des Kindes Karlheinz auch noch eine Stabsstelle bei Kanzler Augustus bekommen.

Karlheinz wurde groß und stark und eine ziemliche Nervensäge. Und wie es weiterging? Das ist eine andere Geschichte.

Literaturverzeichnis

Aden, M., Schadensersatz und Schmerzensgeld bei Ehebruch? Überlegungen an Hand des Römisch-Holländischen Rechts Südafrikas, MDR 1978, 536

Baldus, M., Gottesdienstliche Handlungen als Störungen der Sonntagsruhe, DÖV 1971, 338

Bergmann, I. (Hrsg), Geburten. Erfahrungsberichte, Bremen 1981

Bierwirth Chr./Göbel-Zimmermann, R., Handlungsspielräume und Grenzen einer Änderung des Asylrechts, ZRP 1992, 470

Brockhaus Enzyklopädie – in vierundzwanzig Bänden, 19. Aufl. Mannheim, 11. Band IT-KIP, 1990

Campenhausen, A. Freiherr von, Rechtsprobleme des kirchlichen Glockengeläuts, DVBl 1972, 316

Colani, U., Die Rechtsfähigkeit des Christkinds vom Jahre Null bis heute, in: Schriftenreihe des Instituts für Grenzbereiche zwischen kirchlichem und weltlichen Recht, Bd. III, Köln/Rom 1926

Crusen, A., Moderne Gedanken im Chinesen-Strafrecht des Kiautschougebietes,: Festband anläßlich des 25jährigen Bestehens der Internationalen Kriminalistischen Vereinigung, redigiert von E. Rosenfeld, Berlin 1914, 134

Das Bremer Weihnachtsbuch für Stadt und Land mit einem Vorwort von Domprediger Günter Abramzik, Bremen 1988

Diederichsen, U., Das Recht der Vornamensgebung, NJW 1981, 705

Dörner, H., Das elterliche Recht zur Wahl des Vornamens, Standesamt 1973, 237

Duchesne, A., Origines du culte chrétien, Paris 1908, 279

Egelage, Chr., Ist das Abschneiden der Heftnummer auf Volkszählungsbögen strafbar? NJW 1987, 2801

Engberding, Hieronymus, Der 25. Dezember als Tag der Feier der Geburt des Herrn, Archiv für Liturgiewissenschaft 2 (1952), 25

Erman. Handkommentar zum Bürgerlichen Gesetzbuch mit Abzahlungsgesetz (...). Herausgegeben von H.-P. Westermann, 8. Aufl., Münster 1989 (zit. Erman/Bearbeiter)

Flohr, E., Der census zur zeit Christi, BB 1993, 657

Frank, R., Die wissentlich falsche Vaterschaftsfeststellung aus zivil- und strafrechtlicher Sicht, ZBlJugR 1972, 260

Gerchow, J., Ergebnisse über Bedeutung soziologischer, psychologischer und psychopathologischer Faktoren bei Inzesttätern der Nachkriegszeit, MschrKrim 1955, 168

Giemulla, E./Schmid, R., Der Luftfahrzeugführer. Seine Rechte und Pflichten, Frankfurt a.M. 1990

Gieschen, J.-P./Meier, K., Strafakte Faust. Goethes berühmte Triebtäter auf dem juristischen Prüfstand. Tathergang-Schuldfrage-Anklageschrift, Frankfurt a.M. 1993, 13

Giesen, D., Die künstliche Insemination als ethisches und rechtliches Problem. Bielefeld 1962

Giesen, D., Heterologe Inemination – Ein neues legislatorisches Problem?, FamRZ 1981, 413

Gössner, R. (Hrsg.), Restrisiko Mensch. Volkserfassung, Staatsterrorgesetze, Widerstandsbekämpfung, Bremen 1987

Gottes Wort und unsere Antwort. Handbuch für den Bibelunterricht. Hrsg. v. Hans Hilger, Bd. II, Freiburg, Basel, Wien 1966

Grundmann, G., Das Evangelium nach Lukas. Reihe: Theologische Handkommentare zum Neuen Testament. Hrsg. v. E. Fascher, Berlin 1968

Günther, J.-M., Der Fall Max und Moritz, 3. Aufl., Frankfurt a.M. 1988

Günther, J.-M., Der Fall Struwwelpeter. Juristisches Gutachten über Umtriebe von Kindern zur Warnung für aufsichtspflichtige Eltern und Pädagogen, Frankfurt a.M. 1989

Hallaschka, A., Maria. Leihmutter Gottes, Stern 53/1992, 39

Harder, M., Wer sind Vater und Mutter? – Familienrechtliche Probleme der Fortpflanzungsmedizin, JuS 1986, 505

Hauke-Scholz, P., Verfassungskonformität der Volkszählung 1987, NJW 1987, 2769

Hentig, H. v., Blutschandefälle Mutter – Sohn, MschrKrim 1962, 15

Hermann, I., Jesus mein Retter!, Wilhelmshaven 1957

Herzog, J., Die heterologe Insemination in verfassungsrechtlicher Sicht, Bielefeld 1971

Huber, B., Verfassungsrechtliche Aspekte einer Asylrechtsharmonisierung in Europa, ZRP 1992, 123

Husler, K., Hilfe von der „Hexerin". Ein ebenso dilettantischer wie heimtückischer Mordanschlag, Kriminalistik 1985, 157

Isermann, E., Reisen – nur noch ein Rechtsabenteuer?, NJW 1988, 873

Kaser, M., Römisches Privatrecht. Ein Studienbuch, 16. Aufl., München 1992

Kehrer, H., Die Heiligen Drei Könige in Literatur und Kunst, Hildesheim/New York 1976

Kleinicke, W., Das Recht der Kenntnis der eigenen Abstammung, Göttingen 1976

Kucharz, E., Mein Kind ist eine Nervensäge – Aufmerksamkeitsstörungen im Kindesalter und ihre Therapie, in: medizin heute, Heft 9/88, 37

Kunz, W., Ist die Strafbewehrung der Unterhaltspflicht auch auf Ausländer anwendbar?, NJW 1977, 2004

Küpper, G., Strafvereitelung und „sozialadäquate" Handlung , GA 1987, 385

Küpper, G./Wilms, H., Die Verfolgung von Straftaten des SED-Regimes, ZRP 1992, 91

Lackner, K., Strafgesetzbuch mit Erläuterungen, 19. Aufl., München 1991 (zit. Lackner)

Lebold, R., Die Entwicklung der Bescherungsspiele und die Nordostfränkischen Einkehrspiele am Weihnachtsabend, Würzburg 1971

Magdalene Hanke-Basfeld, Christbaumständer. Kleine Kulturgeschichte, Frankfurt a.M. 1988

Maisch, H., Der Inzest und seine psychodynamische Entwicklung, Beitr. z. Sexualforschung, Bd. 33 (1965), 51

Mansees, N., Jeder Mensch hat ein Recht auf Kenntnis seiner genetischen Herkunft, NJW 1988, 2984

Mantel, K., Geschichte des Weihnachtsbaums und ähnliche weihnachtliche Formen. Eine kultur- und waldgeschichtliche Untersuchung, 2. Aufl., Hannover 1977

Martens, W., Kirchenglocken und Polizei, in: FS G. Wacke. Hrsg. von K. Vogel und K. Tipke, Köln-Marienburg 1972, 343

Missliwetz, J., K.O.-Tropfen in anderem Gewande. Kriminelle Betätigung durch unbemerkte Beibringung von Flunitrazepan, Kriminalistik 1991, 56

Moers, W., Der alte Sack, ein kleines Arschloch und andere Höhepunkte des Kapitalismus, Frankfurt 1992

Moser, H., Jungfernkranz und Strohkranz, in: FS Kramer, hrsg. von K. Köstlin und K.D. Sievers, Berlin 1976

Müller, G., Hurra – ich werde Mutter, Stuttgart 1983

Münchener Kommentar zum Bürgerlichen Gesetzbuch. Herausgegeben von K. Rebmann/F. J. Säkker., 2. Aufl., München 1984 ff. (zit. MünchKomm/Bearbeiter)

N.N., „Schwups – schon steht er", Spiegel Nr. 11/ 1993, 236

N.N., Jesus hatte keine Geschlechtsteile, die tageszeitung 20.3.1993

Palandt, Bürgerliches Gesetzbuch (...), 52. Aufl. München 1993 (zit.: Palandt-Verfasser)

Pflanzenkunde. Hrsg. von Alfred Schwarzenbach und Werner Zimmerli, Frankfurt a.M. 1990

Rank, O., Das Inzest-Motiv in Dichtung und Sage, Grundzüge einer Psychologie des dichterischen Schaffens, Nachdruck der 2. Aufl., Darmstadt 1974

Rasner, H., Verdeckte Sacheinlagen und ihre Heilung, NJW 1993, 186

RGRK. Das Bürgerliche Gesetzbuch mit besonderer Berücksichtigung der Rechtsprechung des Reichsgerichts und des Bundesgerichtshofes. Kommentar herausgegeben von Mitgliedern des Bundesgerichtshofes, 12. Aufl. Berlin 1978 (zit. RGRK/Bearbeiter)

Riese, O., Der Helikopter ein neues luftrechtliches Problem?, in: FS Karl Haff, 1950, 323

Rietschel, G., Weihnachten in Kirche, Kunst und Volksleben, Bielefeld 1902.

Ringelnatz, J., Ringelnatz – in kleiner Auswahl als Taschenbuch, 19. Aufl., Berlin 1982

Rottmann, V.S., Volkszählung 1987 – wieder verfassungswidrig?, KJ 1987, 77

Roxin, C., Täterschaft und Tatherrschaft, 5. Aufl., München 1990

Schärmeli, Y., Königsbrauch und Dreikönigsspiele im welschen Teil des Kantons Freiburg, Freiburg (Schweiz) 1988

Schwab, K.H., Anmerkung [zu BGH NJW 1957, 869 ff.], NJW 1957, 869

Selk, P., Mittwinter und Weihnachten in Schleswig-Holstein. Eine volkskundliche Darstellung, Heide in Holstein 1972

Soergel. Bürgerliches Gesetzbuch mit Einführungsgesetz und Nebengesetzen. 12. Aufl., Stuttgart 1988 ff. (zit. Soergel/Bearbeiter)

Staudinger. Kommentar zum Bürgerlichen Gesetzbuch, 12. Aufl., Berlin 1980 ff. (zitiert: Staudinger/Bearbeiter)

Stöcker H.A., Streichung des Individualgrundrechts auf Asyl?, ZRP 1993, 9

Strafgesetzbuch (Leipziger Kommentar), hrsg. v. H.-H. Jescheck u.a., 10. Aufl., Berlin 1978 ff. (zit. LK-Verfasser).

Strafgesetzbuch und Nebengesetze. Erläutert von E. Dreher, fortgeführt von H. Tröndle, 45. Aufl. München 1991 (zit.: Dreher/Tröndle).

Strafgesetzbuch. Kommentar begründet von A. Schönke, fortgeführt von H. Schröder, 24. Aufl., München 1991 (zit.: Schönke-Schröder-Verfasser)

Tille, A., Die Geschichte der deutschen Weihnachten, Leipzig 1893

Tönnies, S., Kann Asyl ein Recht sein?, ZRP 1992, 42

Voragine, J. de, Legenda aurea. Volksausgabe, Stuttgart 1925

Weber-Kellermann, I., Das Weihnachtsfest. Eine Kultur- und Sozialgeschichte der Weihnachtszeit, Luzern/Frankfurt a.M. 1978

Wehner, B., Selbstbezichtiger – Geistesgestörte – Übersinnliche .... Über die Anwendung übersinnlicher Methoden bei polizeilichen Ermittlungsverfahren, Kriminalistik 1978, 111

Weihnachtskrippen. Illustrierter Führer durch die Krippenabteilung des Bayerischen Nationalmuseums, München 1972

Wesel, U., hM, Kursbuch Nr. 61 (1979), 88

Wimmer, W., Okkultfahndung auch noch heute? Kriminalistik 1978, 109

Witt, J., Edelweiß, München 1982

Worschech, R., Fränkische Bräuche zur Weihnachtszeit – von Martini bis Lichtmeß, Würzburg 1978